大学生讲党史丛书

青年话家国

主编◎资义平　张啸宇　周郑湘

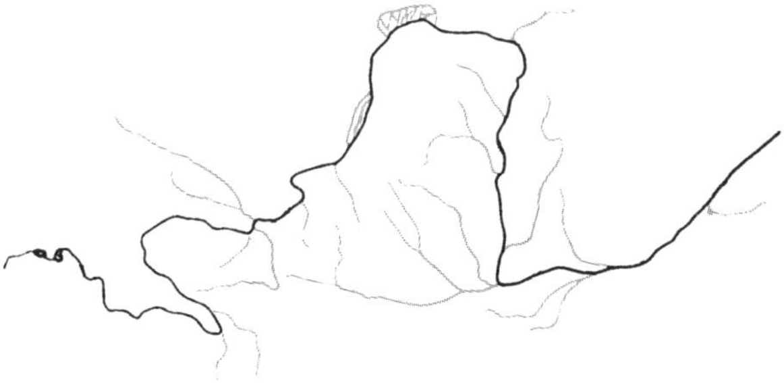

湘潭大学出版社

图书在版编目（CIP）数据

青年话家国 / 资义平，张啸宇，周郑湘主编. -- 湘潭：湘潭大学出版社，2021.12
（大学生讲党史丛书）
ISBN 978-7-5687-0683-4

Ⅰ. ①青… Ⅱ. ①资… ②张… ③周… Ⅲ. ①中国文学一当代文学一作品综合集 Ⅳ. ①I217.1

中国版本图书馆CIP数据核字（2021）第257914号

青年话家国

QINGNIAN HUA JIAGUO

资义平 张啸宇 周郑湘 主编

责任编辑：王利剑
封面设计：李 平
出版发行：湘潭大学出版社
社 址：湖南省湘潭大学工程训练大楼
电 话：0731-58298960 0731-58298966（传真）
邮 编：411105
网 址：http://press.xtu.edu.cn/
印 刷：长沙鸿和印务有限公司
经 销：湖南省新华书店
开 本：880 mm×1230 mm 1/32
印 张：7.75
字 数：190千字
版 次：2021年12月第1版
印 次：2021年12月第1次印刷
书 号：ISBN 978-7-5687-0683-4
定 价：39.00元

在学党史中汲取青春奋进力量（代序）

习近平总书记在党史学习教育动员大会上强调，要“抓好青少年学习教育，让红色基因、革命薪火代代传承”。在中国共产党成立100周年这一重大历史时刻，深入开展党史学习教育，讲好党史故事，可以更好地落实立德树人根本任务，在青年学生心底打上鲜明的红色烙印。

在中国共产党百年伟大征程中，涌现了一大批视死如归的革命烈士、一大批顽强奋斗的英雄人物、一大批无私奉献的先进模范，以及千千万万平凡而又伟大的建设者。百年党史这部厚重的教科书里，蕴藏着最为丰富生动的教育素材，一个又一个可歌可泣的感人故事，铸就了一座又一座永不褪色的精神丰碑，更承载着中国共产党人的精神谱系。学习党史，是一门赓续红色基因、坚定理想信念的必修课；学好党史，是一门传承革命精神、凝聚奋进力量的实践课。

湘潭大学是毛泽东同志亲自倡办、亲笔题写校名、亲切嘱托一定要办好的大学，是习近平总书记寄予殷切期望、特别指示要办得更好、更有特色的大学，具有独特的政治优势，充盈着鲜亮的红色基因。把党史故事宣讲好、传承好、发扬好，让广大青年学生厚植爱党爱国爱社会主义情感，是我们义不容辞的使命担当。

如何深读党史这本教科书，点燃青年学生学习党史热情？湘大学子用自己的言行给出了响亮的回答。他们把自己的爱国之情、报国之志和强国之行，倾注在笔端，绽放在舞台，流淌在心间，通过自己的述说，传入耳朵，打动心灵，扎根头脑。湘潭大学将其中优美的文字、感人的场景、励志的故事汇编成册，结集出版《大学生讲党史丛书》。这是湘潭大学深入学习贯彻习近平新时代中国特色社会主义思想，扎实开展党史学习教育，着力打造“三全育人”体系，构建“大思政”格局，推动马克思主义理论研究学科优势转化为育人优势的有益探索，也充分展现了湘大学子政治可靠、能力过硬、作风优良的良好精神风貌。

这些文字，或抒写青春感悟，或聚焦家国情怀，或触摸时代脉搏，是湘大学子放飞青春梦想、抒写青春华章的立体展示。丛书突破“强制灌输”“反复说教”的传统模式，通过“讲一讲”“写一写”“演一演”等青年学生喜闻乐见的形式，让党史学习走“新”更走“心”。同时，以大学生的视角和语言形态，将不同时期党史人物的感人故事、先进事迹，融入大学生讲述党史故事、撰写党史学习心得、排演爱国主义剧目的全过程，镌刻成一个个让人津津乐道的“时代符号”。这些创新做法，凸显内容的思想性，营造传播的共鸣感，以德育德，感同身受，有力推进了党史学习往深里走、往心里走、往实里走。

让广大青年学子了解党的历史，从心底认同党、热爱党、感恩党，是立德树人的题中应有之义，也是一项长期的光荣事业。希望全校广大教师充分利用校内外红色育人资源，创新教育形式和载体，进一步讲好党的故事，讲清党的贡献，讲透党的理论，教育引导青年学子从党史学习中树牢信仰、汲取力量，为培养担当民族复兴大任的时代新人作出新的贡献！

湘潭大学党委书记　黄云清

2021 年 12 月 15 日

序　言

湘潭大学“家人·家乡·家国”寒假社会实践活动已走过四载春秋，三个沉甸甸的“关键词”激起了千叠浪花般的创作热情，湘大学子的笔尖流淌出一篇又一篇有关亲情、乡情、祖国情的动人故事。今年喜迎中国共产党建党100周年，我校将历年社会实践活动中的作品进行筛选整理，几经辗转、打磨终得此书，相信您在阅读的过程中能够感受到流淌在湘大学子血脉中的湖湘深情。

教育的根本任务是“立德树人”，高等学校挖掘育人元素并将其融入思想政治教育之中，能够更好地起到润物细无声的效用。基于此，本图书的整理、修订、出版很好地呼应了当下“三全育人”的教育理念。“家人篇”的完成能够引导同学们主动与亲人沟通交流，学会爱、感受爱、理解爱；“家乡篇”的完成能够引导同学们主动去关注家乡的发展变迁，学会观察生活、思考生活、拥抱生活；“家国篇”的完成能够引导同学们主动投身于祖国的建设发展，学会珍惜当下的学习环境、懂得维护祖国的利益、担起接班人与建设者的使命。

寥寥数千言，字字逾千钧。透过同学们的文字，我们看到了不同年代、不同地域、不同群体间发生的故事，记录了成长过程中，家人对儿女甜蜜的“碎碎念”，回忆了儿时故乡故园中寄托牵挂的“老物件”，见证了新时代东方巨轮乘风破浪的恢宏场景。

最亲的是家人，最美的是家乡，最爱的是祖国。希望本书能为各位读者在体亲情、感乡情、悟国情的路上提供一些帮助，让各位多一点感触。

编　者

2021 年 11 月

目　录

家乡篇 桑田沧海，故园似锦

家国篇　神州涅槃　巨龙扬帆

家　人　篇

玉楼明月，春晖为盼

“在历史的长河中，有一颗星星永远闪亮，那便是亲情。”亲情，是朱自清笔下父亲攀下月台的背影；是孟母甘愿劳累奔波也要为孩子寻得最佳成长之处的决心；是那护住你我茁壮成长的臂弯。本篇 19 个关于亲情的故事，或令人潸然泪下，或让人忍俊不禁。这虽只是十九个家庭的故事，却也是每一个家庭的故事。最亲不过家人，最爱不过子女，希望大家能对亲情的意义多一份感悟，在未来对亲情加倍珍惜。

时光呐，请你慢慢走

彭　梅

我从三岁起，就跟着外婆了。

小的时候家里经济条件不是很好，父母很早就去外地打工，为了能让我留在城里读书，于是我就和住在学校附近的外公外婆同住了，一直到我离开家、上大学。如果问我，这个世界上谁最爱我？谁对我最好？谁对我的影响最大？我一定毫不犹豫地说："我外婆。"

外婆只是一个普普通通的农村妇女，儿时虽然学习成绩十分优异，但作为家中大姐，为了让弟弟妹妹们有钱上学，她主动选择了辍学。没有很多的文化成了她最大的遗憾，在我心里，外婆是一个性格纯朴、为人正直、细心且热心的老太太。

大概是从那个受过苦、挨过饿的年代走过来的，外婆平时格外节俭。她吃早餐从不去外面，都是买点米粉自己煮，加上盐和酱油，配点咸菜。衣服、袜子破了，也是补了又补，每次和她说应该买点新衣裳，她就眉头一皱，摆摆手："我的衣服不容易穿烂的哩，干嘛要花冤枉钱买新的!”尽管对自己苛刻无比，但对我们这些孩子却没有吝啬过。小时候我要看的书、想吃的零食、想买的新衣服，在她能力范围以内都会尽力满足。哪怕是对门邻居家里养的猫咪，外婆自己不吃什么好菜，也要每天给它买小鱼干加餐。

外婆平时特别勤快，是一分钟都闲不下来的那种人，用“整洁到有点强迫症”来形容怕是再贴切不过了。她始终觉得，衣服不用很新，但是一定要干净清爽；作为主妇应该把家里收拾得整整齐齐，所以外婆家的物件都归置得颇有条理。大概是这么多年受她的收纳之道的影响，我在上大学独立生活之后，也喜欢保持我自己这一小块“领地”的整洁，这样不会让自己的生活看起来乱糟糟的，每天都有一个好心情。

聪明的外婆还是一个“发明家”。例如，鞋架旁落灰，她用废弃的电话线、钉子和一块布就能完美挡灰；放衣服在浴室小窗格里易被打湿，她就在上面钉一块半开的塑料包装袋；雨伞的卡扣坏了，她用线吊一颗钉子在卡扣附近，撑伞时用钉子代替卡扣卡住伞。但“发明家”偶尔也会失手变成一个可爱的“捣蛋鬼”。有一回外婆觉得家里的一张床中间的床板凸起了，于是就把床板割去了一块，从此“重量级”的外公再也不敢睡在这张床上了，真是让人又好气又好笑。

从小到大，和我待在一起时间最长的就是外婆了，她了解我的喜好，她的爱也渗透在我生活的方方面面。儿时我体弱多病，每次生病外婆都无微不至地照顾我，甚至有时半夜还在为我操劳。高中学习压力大，没有考好的时候我总会扑在她怀里痛哭，后来我才知道，每次向她倾诉后的夜晚，她时常因为心疼而整夜睡不着，“孩子太辛苦了”。我上大学以后，每天她都看湘潭的天气预报。有一次我打电话无意说起最近变冷了，椅子太凉了，她就默默赶工一天，用旧衣服手缝了一个坐垫给我，我收到快递，看到上面密密的针脚，不禁泪目。假期过完离开家的时候，外婆一定会来汽车站送我。而我坐在大巴中间靠左的位子，她站在车站出口左边成了我们几年来的默契，因为这样在出发的时候我可以和她挥手，她也可以一直仰着脖子看啊看啊，直到看不着我……

记忆里我并不是一直都特别听话，也有过叛逆期，让外婆受了一些气。成年之后更加懂了事，才知道原来认为“理所当然”的外婆的爱，是那么的弥足珍贵。读大学期间，每周我至少会给她打一个电话，一讲就是半个多小时，告诉她我身边的生活琐事，逗她开心；发了奖学金，给她买中老年补钙的奶粉和一些小零食，她收到以后笑得像个孩子。我发现其实老年人特别容易满足，他们不太在意你给他多少钱、买多少东西，重要的是你心里会惦记着他们，会经常关心他们，多么简单的愿望，很多人却都忽略了这一点。

我经常调侃外婆现在也变成了一个“时尚的老太太”。她通过电视认识了很多字，连明星也认得出许多。她跟着我学用 ATM 机，还买了收音机天天在家跳广场舞。以前一向节俭的她现在觉得要对自己好一点，会和我打电话：“珊呐，给我在天猫超市上买几袋牛奶呗，那上面买比在超市实惠多了，又快！”有一次我在家敷面膜，外公发问，“你脸上贴的这塑料是啥？”外婆就会凭着我给她科普的种种，霸气回复：“这是面膜，老头子，你又不懂这些，她现在可是大姑娘哩，要保养皮肤。”我在一旁拼命忍住笑。

然而令人难过的一点是，现在很多老年人像是被快速发展的时代“抛弃”了，各种电子化设备层出不穷，对于年轻人来说的确非常方便，但是老年人却大多不会使用，常常陷入困窘。我们这些孩子或许可以更加耐心一点，慢慢地教他们一些新兴事物，正如他们教儿时的我们说话、走路、用筷子、骑自行车，一遍又一遍，从不厌烦。让他们在这个信息技术爆炸的时代里不那么孤独。

年复一年，我长大了，而外婆也老了。我逐渐发现，原本力气很大的她现在背有些佝偻，爬个三楼就喘得不行，头发也都快全白了。有时夜深人静的时候我会想，外婆年纪大了，总有一天会离开我，我到底该怎样去面对这个难以接受又不得不接受的事情呢?

后来我大概想明白了。于是，我经常给外婆打电话，她生病的时候保持问候，平时在家多多陪伴她。现在我对她所有的关心，其实都是对未来某天的“好好地送别”，既然有的事情不可能避免，我希望她至少能安度晚年。我们必须明白，长辈生而在世的时候如果不孝顺，那么等到以后不在了的那一天，什么都无法弥补了。

时光呐，还请你慢慢走，留住她，久一点……

（本文作者为湘潭大学商学院2015级本科生，现为广州联奕科技股份有限公司人事专员）

火烧云

李　祎

小弟：

算算日子，你应该有42了，我也马上50了，时间可过得真快啊！哎呀！差点忘了告诉你一件大喜事，康儿媳妇生了一个大胖小子，这是昨天夜里的事儿。康儿你应该还记得吧？我大儿子，你走的时候他才是个小豆丁，那时候他就是个捣蛋鬼了，上树掏鸟窝的事没少干过，偏偏就你能治得住他，对你一口一个小叔叔叫得亲热得紧，连我这个亲爹都有些吃酸了，可惜你没能亲眼看到他成家立业、生儿育女。这么多年来，他一直很想念你，他知道我要给你写信，便托我给你捎句话，“小叔叔，虽然我爹一直骂我，说我没大没小，但如果有下辈子，咱俩还是好哥们。你以前给我的那些《西游记》《三国演义》的话本我还留着呢，我准备当传家宝传我的崽子……”

写到这，陈孝军的媳妇阿英推开门进来了，新安的铁门没了老旧木质门的嘎吱声，阿英走到他书桌边他都还没有察觉。可能是声音太小他的年龄大了没有听见，也可能虽已知晓但充耳不闻。他依然奋笔疾书着，仿佛要将自己的心窝子都端到纸上。

阿英对老伴的不搭理倒也没发脾气，轻轻地敲了几下桌子，提醒道：“吃饭了，吃完了再接着写，别饿出病了我还要伺候你。”说完她便不再发出声响，朝门口走去，还顺便轻轻地把门带上。

陈孝军把鼻梁上架着的老花镜取下，因长时间盯着白纸眼睛有些干涩，他用力眨了眨眼，将目光投向了窗外。夜幕将至，晚霞漫天，天空正在酝酿着鲜艳的橘红，那些如同被天火烧着了的云朵被编织成七彩的帷幕，泛着绚丽的光芒，倒映在陈孝军的瞳孔里。陈孝军的眼中便呈现出了这样一幅景象，一个少年，他背对着他，走向美丽又充满未知的天际。

1969 年，这一年，陈孝军 25 岁，陈孝云 17 岁，兄弟俩是家中的顶梁柱。十年前陈父参军去了，头几年家中还常收到来信，也会收到寄来的钱，这几年就音信渐少了，去年一封信都没有收到。陈母时常坐在大门的门槛上，向着村外的方向遥望着。那是一片夺目的黄，陕北土黄的连绵的高坡，金黄的刺眼的阳光，直至日落西头，才让世界蒙上淡淡的灰，逐渐渲染成浓郁的黑，无数人在这片贫瘠的土地上与命运奋斗着，有人为了自己，而更有人是为了国家。

陈母叹息了一声，站了起来，又像之前的无数个傍晚一样捶了捶自己的腰，跺了跺脚来缓解双腿的麻木，走到灶台边，开始准备一家人的晚饭。

阿英一边坐在柴堆旁拿着火钳往锅灶里添柴，一边说道：“娘，我听隔壁张大嫂说了，现在国家在征兵呢，不晓得云伢子知道不，他不是一直想去当兵嘛。”

陈母炒菜的动作顿了顿，仿佛突然想到了什么，又叹息了一声。

“娘，我想去当兵！”陈孝云突然从屋外跑进来，“我都听说了，国家在征兵，我已经17岁了，已经是一个顶天立地的男人了，我也要像爹一样为国争光！”

“去什么去，你爹什么情况都不清楚，你要是再跟他一样，这么多年不回来，你舍得娘吗？你舍得这个家吗？要是你又出了什么问题，你爹回来我怎么跟他交代啊！”陈母顿时气不打一处来，愤怒之中眼眶也盈满了泪，“你爹以前说好的，去几年就回来，现在却一个人影也没有，我辛辛苦苦把你们拉扯大，你也要就这么走了吗？”

泪水夺眶而出，这么多年无处释放的痛苦与心酸仿佛也要随着眼泪一同流出。

陈孝云噤声了，不敢说话，等到陈母情绪释放得差不多才开口道：“娘，我不是这个意思，我是一定要孝敬您的，现在政策不错，我当兵还有津贴，我……”

阿英打断他的话：“你等下再说吧。”

陈孝云有点手足无措，空气像被凝滞了，他被闷得喘不过气来，他只好出去找个地方出出气。这一天的晚饭，第一次如此安静，只有五岁的康儿还保持着平时闹腾的猴样，陈母看着孙儿的可爱模样，脸色缓了缓。陈孝云不由地松了口气。

陈孝云整夜未眠，参军一直以来是他的梦想，他想要走出这个小小的山村，去奋斗一番，闯出自己的天地，为国家贡献力量。但是母亲的反对让他无法再将这个心思说出口。他知道，母亲对父亲的离开一直耿耿于怀，他不想让母亲太过伤心。这令他很是矛盾难过。

第二天一早，陈孝云就起床了，在这进退两难的境地，他想去听听别人的看法。

“忠叔，在吗？我是孝云。”他敲了敲门，直到听到门里传来动静。

“孝云啊，这么早，有什么事吗？”他一边说一边把陈孝云拉进院子，“吃早饭没？到我这里吃点吧，你姨刚做的早饭。”

陈孝云环顾了一下忠叔的院子，他家的院子不像其他人家满地铺满了鸡鸭粪和散落的菜叶谷壳，小小的四合院整洁明亮，干净利落，没有什么多余的杂物。

“忠叔，你也知道我家的情况，我想去当兵，但是你也知道我爹……还有我娘……”陈孝云咬了口馒头，蹙起眉头，“唉，我都不知道该怎么办了，也许我应该留下，但是这样的话我心里就有一股气，憋着难受。您是当过兵的，您当时有这种情况吗？”

忠叔端起茶杯抿了一口，徐徐道：“你先告诉我，你是非常想当兵吗？还是只是仰慕而已？”

“当然是非常想当兵！我无时无刻不在想我手拿着枪，到国家最需要我的地方，到战场上最危险的地方去，拼尽我全身的力气，把敌人驱逐出去，还我们一个太平世界！”陈孝云突然跳起来，仰起头，拳头砸在桌面上，眼中闪着激烈的光，仿佛一切美好的夙愿已在眼前。

陈孝云的头又很快地沉了下去，他缓缓坐下，把拳头缩了回去，眼中的光芒逐渐黯淡，带着一些哭腔地道：“可是……可是……我到底该怎么做啊……”

忠叔不禁摇了摇头，到底还是一个孩子啊。

“我问你，你觉得人的命运是自己的还是别人的？”

陈孝云踌躇了一下，想了想，回答道：“我觉得人的命运是自己的，人应该为自己而活。”

“那我问你，你当兵是为了自己而活吗？”

“肯定啊，这是我一直想要的生活，但是这并不只是为了我自己，我其实是希望所有的人，包括我娘，都能过上平静的日子。”

“当兵是你的心愿，平安是你娘的心愿，你说命是自己的，想来你心里早有了答案。至于你娘的想法，如果你化解了她的担忧，她就能松口了。”

陈孝云恍然大悟：“命是我自己的……对啊！我马上去跟我娘说！”然后迅速起身，往院门口冲，回头对忠叔报以感恩的微笑，“谢谢忠叔！”

陈母坐在门槛上很久了，手里攥着陈父曾经的来信，信上不只有对家人的问候，更多的是因自己身为军人而生出的无限自豪、凯旋时倾诉的喜悦、对人民幸福生活的向往和对祖国未来繁荣富强的畅想。重读这些信，她第一次认真倾听了那些除了嘱咐、关心的话语之外的豪情，她第一次不是那么了解他，曾经她以为他的参军是为了生计，但是现在看来她的想法是错的。她因他这几年来寥寥无几的回信而感到生气，但是从未想过他也许正面临着危险。身为妻子，她充满抱怨，充满担忧，但是他的字里行间全溢满了喜悦，她应该错了吧？

“如果有一天，我的儿子走上了和我一样的路，请理解他。”这是陈父上一封信中信纸背面的话，她也是头一次发现。

“娘，你还在生气吗?”陈孝云跑过来，有些局促地站在她跟前。

陈母平静地看了看这个孩子，他的个头已经很高了，甚至超过了他的哥哥，下巴青色的胡茬、坚实有力的臂膀都意味着他已经成为一个顶天立地的男儿，就像他的父亲一样。

“你想好了吗?”

“想好什么?”

“做一名军人，上战场，有很多的危险都可能使你丧命。”

“做一名军人，上战场，有很多的抱负都可能实现。娘，这是我的理解，从小我就羡慕《西游记》《三国演义》里的英雄，他们有的活了下来，有的虽然死了，但他们都让我佩服，因为他们有自己很灿烂的一生，即使死了，也是轰轰烈烈的。”

陈母终于明白了，但是一位母亲的天性让她的担心止不住地溢出，她伸手摸了摸孩子的脸庞，无比眷恋，“你要答应我，好好的，不要总让自己受伤，要是累了痛了，就想想娘，娘永远等着你。”

“娘，您这是答应了？太好了！我一定会保护好自己的，您放心!”那些本来准备好的劝解的话语还没说出口，陈母就同意了他的请求，这令他欣喜若狂，他紧紧抱住母亲。

陈孝云挎着一个很大的麻袋，里面不仅装了衣服鞋子等日常用品，还有母亲连夜蒸的十几个馍馍，一大袋红薯干，几个熟鸡蛋，这些都是家里过年才能尝到的好货，现在却一股脑都塞给了他。他站在村口，等着到镇上的拖拉机。

远远望去，自家门前，母亲坐在门槛上，微笑地看着村口的他，向他招了招手。

这离别之际，陈孝云想起母亲为他收拾行李、煮东西的场景，不禁泪眼蒙眬。他不知道自己的归期，但是可以清楚地知道，他们以后见面的机会可能会很少很少，甚至无法再重逢。想到这里，不禁泪如雨下。

今天是陈孝军送的他，陈母说村口风大，吹得她头晕，就不来了。

“小弟，你的事情忠叔都跟我说了，我想要告诉你的是，命虽在你手里，但不完全是你的，娘给了你生命和健壮的身体，你的命也是她的。娘担心你，是担心你的命，不要怪娘之前反对你，为人父母，对子女永远是真切的。忠叔是当过兵的，所以会偏向你这边一点。”陈孝军转过头来对陈孝云说。

“大哥，我从来没有怪过，我知道娘的难处，我唯一难过的是，我可能没有办法孝敬她了，如果有一天，我回不来了，请代替我给她两倍的孝敬。”陈孝云哽咽了，“我欠家里的实在是太多了……”

“好，你放心，在外面多照顾好自己，你的健康对娘来说也是一种安慰。”“车来了。”陈孝军提醒他。

“大哥，保重。”陈孝云一抹眼泪，将自己的麻袋扛到拖拉机上，然后坐上去，拖拉机“突、突、突”地开走了，他突然转头对陈孝军喊道，“大哥，照顾好娘！”

“好！”陈孝云郑重地答应，他望着弟弟的身影，在夕阳光芒的覆盖下，愈加模糊。他永远记得那一刻，晚霞映红了整个天际，那些云带着绚烂的色彩，在橙红的天幕下上演着属于自己的人生舞剧。

陈孝云不知道的是陈母不是因为风大而不来送别，而是她知道她一旦去送他，就没有办法松开他的手，这是她的心头肉，骨中血啊。

“娘，军队的气氛真的很让人振奋……”

“娘，您最近怎么样？我很好，不用担心，今天连长带我们去前线体验战场了，我真的有一种马上就冲上去的想法……”

“娘，上次你说爹回来了，这真的是太好了！您肯定特别高兴……”

“娘，您和爹现在怎么样啊？我现在用枪已经用得很好了，我们班长都夸我呢，说我有悟性……”

“娘，咱家今年丰收了呀，你们这可得好好庆祝……不用担心我……我们这次胜利了……”

陈母每次读到这些信，都热泪满眶。很多年前，她也在读信，那时是孩子父亲的信，现在是孩子的信。

她走到山后的一座墓碑前，墓碑上刻着“英烈陈孝云之墓”，这是她给孩子立的衣冠冢。她轻轻摩挲着碑上的字迹，想起八年前，一名身着军装的汉子来到家里，递上一个盒子，里面是陈孝云平日的衣物，他红着眼，说道：“大娘，对不起，孝云兄弟什么都没留下，只有这些衣物了，还有这封给您的信，他刚进来的时候就写好了，让我们替他保管。”

“他怎么走的……”陈母声音颤抖地问。她双手颤颤巍巍地接过盒子，那盒子如同有千斤的重量，压得她喘不过气。

“一片林子突发大火，我们连为了减少村民的损失便去灭火，火很大……有一棵树倒了下来，孝云兄弟推开了身边的人，他被砸中了……我们进不去，进不去啊……”

汉子走了，陈母忍着巨大的悲痛拆开了那封信：

“娘，如果有一天你看到了这封信，我应该是走了。对不起，我还没来得及孝敬您就先离你而去，作为一个儿子，这是我最大的不孝，我不奢望您能原谅我，但希望您不要太伤心难过，因为您的儿子是为军队、为人民、为国家牺牲的，我并不遗憾。曾经我多么希望自己成为书里的英雄，救民众于水火之中，现在我可以自豪地说，我是一名英雄！娘，我希望您知道，您的儿子很幸福，也很幸运。”

往事如潮水般涌来，陈母站在陈孝云墓碑旁，望着天边的火烧云，喃喃道：“我是英雄的母亲……”

（本文作者为湘潭大学商学院2018级本科生）

三人行

谌　蕾

从步入大学开始，我们所有的暴躁因子就毫无顾忌地展现在父母眼前，却自私地认为这一切都是理所应当的。但希望你远走高飞去追寻自己梦想的那一天，不要忘记背后还有炽热的目光。

小时候，总是崇拜父母有着无所不能的神奇力量。那两个人陪着你用易拉罐做风铃，完美地完成老师布置的课后作业，让你在小伙伴面前有了炫耀的资本；那两个人站在车后扶着你，让笨拙的你在歪歪扭扭中学会了骑自行车；那两个人耐心地教你解二元一次方程，即使你学了很久才学会，他们也没有恶言相对……你的童年就在嬉笑玩闹中度过。对了，还有你满头大汗地跑回家后飘香满屋的晚餐。

中学时期，青春期的荷尔蒙让你躁动不安，你有着上天入地的“本事”；父母不喜欢的事情，你偏要去做；你厌恶课本上密密麻麻的文字和数字，你敷衍地完成作业；你像鞭炮一般，脾气一点就炸，毫无道理可言；你和父亲争执、辱骂，用了所有你能想到的最不堪入耳的词语。某一天深夜，躲在被子里看手机的你，听到了母亲的低泣和父亲的叹息。在那个夜晚，你开始内心不安，人也好像突然长大了似的。你开始认真地完成功课，补上落下的课程。上天好像特别眷顾你，你考上了县里的高中，你很开心，父母也为你感到骄傲。但你可能从来没想过，高中生活却成了你噩梦的开始。

你的高中似乎和电视剧中的情节大相径庭。当你还在为中考的成绩略微沾沾自喜的时候，生活就给了你当头一棒。第一次考试你的成绩不堪入目，你好像也不能跟上老师们上课的节奏。老师们更喜欢聪明的、一点即通的学生，你这样榆木脑袋的学生，只能是个小透明。一次又一次的打击让你自卑、怯懦。你所有的心思只能告诉父母，虽然每一次的通话都是以自己的哭诉而结束，但好在父母从未逼迫你做什么，只是在你想要放弃的时候告诉你尽力而为就行。你所有的不甘大概是在你独自一人死磕理综的时候被发挥得淋漓尽致。高考结束后，你告诉父母自己可能考不上大学，父母却告诉你，人只要努力，总能过好这一生，只是每个人要走的路不同而已。那个最煎熬的暑假以你查到超常发挥的高考成绩而尘埃落定，你上了一所好大学，最开心的实属父亲了，毕竟父亲最大的遗憾就是没能走进大学校园。

大学是一个很神奇的地方，只要你想改变，一切皆可发生。你的运气好像还不错，遇到一群善良上进的小伙伴和优秀的老师，在他们的帮助下，你更加的自信和成熟，只是你的生活已经少了父母的身影。有时你会和父母交流学校发生的趣事，但更多的情况下他们只是听众，以及重复着“要按时吃饭，注意添衣”，有的时候你会不耐烦，随口回复“好了，好了”，然后冷漠地挂断电话。你可能从来没想过，为什么电话那头的父母从来不会主动找你，因为他们不知道你什么时间是空闲的，他们不想打扰到你，所以每次你打电话回家，都会让他们很开心。你还是不懂事，还是太自私。

你真正觉得自己已经长大了，父母已经老了的时候，大概是发现父母开始用老花镜，开始频繁地问你手机 App 功能的使用，开始主动地询问你的意见……他们会在你放假前问你什么时候回家，会在你返校时“抢过”你的行李，帮你提着。你和父母在一起的时间越来越少，他们也很想你，却不以言表。你想去更大的城市，你想拥有更广阔的天空，他们更不会阻拦。

“父母在，不远游”，这句话好像对，又好像不太对。你从来不需要去考虑生活的艰辛，在目前的状态下，你只需要做好学生该做的事情，因为父母为了你的成长已经付出了全部的精力。但年轻的你总得学着自己长大，你总得慢慢地变得更好，才能给父母更好的生活。

未来会发生什么，你永远不知道，只是三个人的故事还在继续。

（本文作者为湘潭大学商学院 2015 级本科生，现为天职国际湖南分所审计人员）

墙

彭群丹

在我家的四合院里有一堵墙，高不过两三米，狭长而又斑驳，裂缝如树根般散开，身体里还嵌着一扇生锈的铁门。

父母嘱咐我离它远些，怕它倒下来伤着我，可每次回家我都喜欢静静地站在他面前，摸着它脆弱的身躯，仿佛就能回到很久以前。小时候和朋友捉迷藏时躲在它庞大的身躯下；天气温暖时坐在它的背面看天空；青春期躁动不安时对着它自言自语……它如天然的庇护所，接纳懵懂的我。

直到有一天，我听了演员高亚麟的一句话，“父母是我们和死神之间的一堵墙，父母在，你看不见死神；父母一没，你直面死亡。”听到的一瞬间，心里咯噔一下，我的父母亲，确实已经在朝着既定的方向逐渐老去。他们就是那堵墙，他们的青春，都用在为我建好能护我周全的城墙之上。那在岁月的风雨中摇摆的身影，如墙一般坚实的身影，只愿你能看到远方的美好。

恍惚之间，思绪飘回了去年夏天。刚下课的我接到了妈妈的电话，声音依旧温柔，“崽崽，没什么大事，就是你爸过两天耳朵要做个小手术，提前告知你一声，不要担心。”挂掉电话，心里突然开始慌张，我的爸爸不是一向都很健壮吗？他都没生过病呢？怎么会……当即就决定请假回家。

推开病房的门，爸爸躺在病床上发呆，妈妈在沉默地削着苹果。见我进来，爸爸绽放出了笑容，一边责怪我请假，一边把我拉到床边坐下。他摸着我的头，说：“开心点，女儿，只是在耳朵后面开个小口，取掉脏东西，不碍事。”那语气就像小时候我摔了一跤，他在一旁乐得直跺脚，让我赶紧爬起来一般轻松。不，他的眼眶是湿润的，是假装的，爸爸其实也有些害怕。我许久没有说话，只是呆呆地望着他，突然想多看他一会。那晚，我失眠了，却也听到了病床上一声声的叹息。

第二天一大早，要进手术室了。妈妈在他旁边耳语了一阵，爸爸笑了笑，便头也没回地走了进去。我一直目送着他进去，直到缓缓关上的门切断了我的视线。我回过头来问妈妈刚刚跟他说了什么悄悄话，妈妈说：“我说让他在里面好好睡一觉，我们一直在外面。”可能是越长大越感性，听到这句话，我竟然鼻子酸了，什么时候我也开始成了父母的依靠，让他知道有我在就足够了。

手术室的红灯亮了，很刺眼，时而有戴着乳白橡胶手套的医生和裹着纱布的病人面无表情地走出来。一个小时、两个小时、三个小时……五个小时过去了，还不见爸爸出来。妈妈开始每隔几分钟就站起来来回走动，我也开始坐立不安。那一刻，我惊讶地发现母亲的背影竟然也开始变小了，她的步伐也远不如年轻时那样可以脚下生风了。我还记得家里新房子装修完的那天，爸爸妈妈高兴地说："年过半百终于住上了大房子，我家姑娘也终于如愿以偿了。"当时的我，只是忙于撇清说自己不热衷于新房子，却忽略了，我的父母，竟在这不知不觉中慢慢老去，而我，成了他们唯一的依靠。眼泪模糊了双眼，我深吸了一口气，走到妈妈身边，紧紧握住她的手，说："爸爸会没事的，有我在。"

九个小时，仿佛过了一个世纪，爸爸出现了。他躺在病床上，头上被纱布裹得严严实实，麻醉作用还没有完全过去，他有些昏昏沉沉，可他却向着我们站立的方向抬了抬手，妈妈一个箭步冲上去，哽咽着说："好了啊！咱们可以回家了。"爸爸这才沉沉地睡去。后来，爸爸告诉我说，手术室里有很多人排队做手术，他在里面等了三个小时，里面静悄悄的，可恐怖了，可是他只要想着老婆孩子还在外面盼着他平安出去，便浑身都是力量。

什么是父母，听说是神无法无处不在，所以创造了父母。他们为了你是可以放弃自尊的强大的存在，是代替神守护你的坚不可摧的墙。即使到自己做了妈妈，妈妈的妈妈也仍然是妈妈的守护神。父母这个词，是只叫一声就触动心弦，力大无比的存在，只是叫一叫，也觉得喉间哽咽。

而我们呢，也是守护父母的一堵墙。父母在时，人生尚有来处，我们能够倾尽自己的所有去照顾他们，保护他们。人生是一个轮回，他们守护着襁褓中的你长大成人，好不容易等到了你长成可以安慰父母的年纪，"谢谢你""我爱你"这些话就该常挂在嘴边。现在想要父母开心的话，只需要说，"我依旧需要你""你有我在"……只要这么一句话就足够了。

（本文作者为湘潭大学商学院2015级本科生，现为中国航发湖南南方宇航工业有限公司财务部会计人员）

终有一天，我亦亭亭而立一如你所愿

蒋奇芳

（一）

记忆里，那个地方是郊区，人很少，空旷的大地上只有几间屋子，以及大片的菠萝地和甘蔗地。

我们好像过着与世隔绝的生活。

我至今还记得那一次受伤的痛感。事件大概发生在一岁到三岁这个年龄段，好像是跟着你们去银行的时候，手放在玻璃推门的夹缝里了，结果有人推门，一压，右手中指的整块指甲盖都要掉下来。记不清自己有没有大哭，但是真的很痛。后来脑海中总有这样一帧画面：我受伤的手滞在身前，指甲盖一晃一晃的，只有根部还连着肉，将掉未掉的模样。我站在那里，身后是大片的菠萝地，一直绵延到很远的地方，视线落在隔得很远的对面，看见你走进一家商店，商店里的人都在打麻将。应该是站了很久，指甲盖一直晃啊晃啊，就是没有脱落。

很久以后，每每想起这一幕，巨大的孤独感就如潮水般袭来。旷野上，只有我一个人。

你似乎很少和我说话。

指甲盖是什么时候彻底脱落，又是什么时候彻底长好的，已经不得而知了。

后来，不知从什么地方来了一辆卡车，你和妈把简陋的屋子里仅有的东西往上面搬，然后把我抱上车。敞篷的车顶，呼啦啦的大风吹啊吹啊，直叫人迷了眼。菠萝地，甘蔗地，还有那旷野上仅有的几间屋子都被甩在了身后。

我意识到，我们要搬家了。

（二）

要说我对你最初的印象，大概就是那时候你背对着我走远的模样，在那个个体意识尚未完全成形的时候，你留给我的就只是一个背影和一大片的菠萝色的孤独。以至于我到现在，依旧清楚记得那个场景。

家搬到煤厂的那段期间，我们拥有了为数不多的几张合影，此后，我斗胆拍照，也只敢趁你不注意的时候偷拍你的背影。随着年龄的增长，你似乎再也没有了年轻时的恣意。对于合影这件事我并无太多记忆，只是后来我妈翻相册给我看，指着两个“黑人”抱着的小孩说，那是我。卷了边的相片上是一对从头到脚只有凉鞋里露出来的脚趾是肤白色的夫妻，和一个小小的我。别人一度开玩笑说“黑人”怎么生了这么白净的孩子。过分吗？是事实。从煤厂里出来的人，哪个不是名副其实的“黑人”。而那样的辛酸全都消解在调侃的玩笑话里。

而在这样的玩笑话里又常常伴随着他人略带惋惜的口气，“二姑娘要是个男孩子就好了。”那些人说着这样不痛不痒的话，然后我妈陪着苦笑。你呢，不说话，沉着脸，大多以缄默作结。

不在意吗？怎么可能。

尽管你不言语，可我又如何能忽视那平静水面下的巨大旋涡。

（三）

这也许是我臆想出来，也许是曾经真实存在过的旋涡，直到某一年的暑假才在我的心里平息，复归于平静。

那是我第一次一个人坐一整天的长途大巴回老家，下车的地点事先和售票员打了招呼，但最终错过了站点。在下一站下车时，我才知道你骑着电动车整整追了一站路。尽管你依旧是那样木讷的脸，似乎没有生成任何焦急的情绪，我却听到你对售票员的责备，“都喊了还有人没下车，没听见吗？”我大概能够想象你追在大巴后面，吃着尘土，呛着尾气，在旁人诧异的眼光里呼喊。

然后脑子里条件反射地想起朱自清《背影》里翻越月台去给儿子买橘子的父亲，有些想哭。

风尘仆仆归来的原是我才对，我却在你身上看到了一身尘土。

（四）

大学开学的时候，是你送我来学校的。和所有新生享受的待遇一样，这极大地满足了我。然而现在想来总觉得自己万分对不起你。

到校的那天，我自以为是地替你买好了当天就回程的车票，几乎是催着把你送上了车。因为担心你自己一个人不知道如何去坐车——这自作聪明的想法，完全忽略了你的心情。后来看到一篇帖子，是一位父亲记录的，在女儿的大学里闲逛的事，底下清一色的评论都是儿女带着父母逛大学校园的话。像是当头被浇了一盆冷水，我猛然清醒。作为家中长子，你初中没毕业就外出务工了，因为家里没钱供。然而你又是个聪明好学的人，我从奶奶那里听了不少有关你的学习成绩有多好的夸赞。我想你的骨子里是向往校园的，我却生生将你拦在了校门前，我所谓的担心成了最大的帮凶。如果可以的话，我多想当时的自己不那么地着急，能够带着你在大学的校园里走一圈，和你介绍各处景点建筑。可是，没有如果给我了。

我不知道，你转身离去的背影是多么不舍，或许无奈更多一些。你的木讷将你唯一的诉求堵死了，而我，竟也未能觉察。

（五）

小时候总觉得你亏欠我很多，长大了觉得自己亏欠你的怕是要还不清了，更怕的是你等不到我还。

你知道吗？我总是莫名其妙地心里发慌，然后脑海里设想出一切最坏最糟糕的结局。因为命运总是不会如人所愿，我心里有这样一种的迷信，只要我事先想到最坏的结局，那它就一定不会发生了。

很傻对吧？我在你们面前一直很傻，甚至很黏人。这样你会稍微放心不下我的吧？这样你就不会太轻易地离开吧？“一定要好好照顾自己。”以前总是你在说这样的话，现在，换你来听我的话了。

终有一天，我会成为最好的自己，一如你所愿。

（本文作者为湘潭大学商学院2016级本科生，现为拓维信息系统股份有限公司干部管理专员）

命运织就一张网，节点叫作爸爸

莫敏婕

收到我保研到他工作城市的消息那天，父亲在视频电话那头老神在在地强装镇定。待挂了电话，却像个急躁的年轻人一般，迫不及待地将个性签名换成了“你如约而至，我美梦成真”，也不知从哪学来的。

止不住发笑之余，我不禁慨叹命运。之于父亲，大抵是条羊肠小路，相隔千万里的女孩一路弯弯绕绕，终寻归途；而于我而言，命运意味着相逢的人终会相逢，在命运织就的这张充满无限可能性的网上，我不过将节点停驻在一人身上。

——题记

“那啥，我打明儿走。”

“你才回来三天嘞，咋的？再多待一天都不成？阿敏她……”

“不成不成，公司那头催得急，你们母女俩就别光顾着念我了。啊！来来来，工资卡给你，你好好照顾家里就成。”

紧随其后的是两声喟叹，隔着木门闷闷地传到这头来，像是把爱冻结在经年累月的分别里，最后徒余下遗憾的叹息。

思及曾经圆满的过去和你缺席过的岁月，我依着外墙蹲下，努力压了压眼底酸涩，却还是没忍住将一腔委屈和不满诉诸眼泪。

幼时，我们全家安居在大城市一隅，家虽小了点，生活却像个童话。后来因由离开，母亲携我回老家生活，留你独身一人在那座城里拼搏，拼了命也要供我们一个无虞的生活。

我想象不到在外地打工的你会有多孤独，虽妄图通过线上交流维系住你我之间的感情，可我清楚，时光将距离拉得太远，我们无论如何也不能改变分离的现实，回到温暖的当初了。

自我上了大学后，这种割裂感尤甚。大学离家不远，离你却依旧是天南地北，如此一别又是一年半载，不知下次何时才能再见。

真想快点长大。

Part 1

“蹲在这旮旯里干啥子？出去走走？”一抬头，泪光中摇曳着你憨厚老实的笑，我把一切心事摁下，吸着鼻“哦”了声，将手搭在你微凉的手掌里。

许是在墙边蹲久了，被你从地上拉起时我一个趔趄，险些栽倒在地。你试图将我稳住，我却明显感觉到你的力不从心。你用手指比画了下我的身高，神情愉悦又满足，声音带着跋涉千里依旧不变的宠溺：“小姑娘长成大姑娘了啊！”

也就是在这一瞬间，我忽然认识到，自己真的是长大了。

想起很久以前我跳着去摘你头顶的帽子而未果时，你轻拍我的脑袋，无奈道："小姑娘什么时候可以长大呀？"记得那时的自己是直接耍赖蹦到你怀里才拿到那顶帽子的，一边张牙舞爪，还一边气呼呼地嚷嚷："我才不要长大呢，长大了我就不是小公主了！"

"不会，阿敏永远是爸爸的小公主。"你说。

而今，我一抬手就轻而易举摘下你的帽子，当然也更清楚地看到你眼角的皱纹。你的眼睛虽然弯着，里面却透露出令人心酸的疲惫。

如果长大需要你付出老去的代价，那我不要长大了。

"好的咯，走吧？"你将我拉出回忆，我顺势跟你走出去，伴着背后妈妈的呼唤："你俩记得早些子回来吃晚饭撒！"

我扭头向在门口张望的妈妈摆摆手示意，应了声"好"，继而望向前方的你。

Part 2

我们并肩走着
秋雨稍歇
和前一阵雨
像隔了多年时光

——吕德安《父亲和我》

我一会儿看你，一会儿看云。暗想自己嘴笨又不直率，年龄愈长愈不会像小时候一样，说出一大堆肉麻的挽留你的话，只想和你在这条小道上一直走，直到时光的尽头。

一阵清幽的花香令我侧目，观景池里影影绰绰浮现出的几株荷花的模样，唤回我那年夏天的记忆，那时你挽着裤腿，在乡间荷塘里为我摘莲蓬。

“爸，你知道荷花出水之前是什么吗?”我坐在岸边晃腿划水，看着水中晃动着的涟漪，心中起了捉弄之意。“不就是荷花吗?”你将一把莲蓬丢给我，抹了把脸上的汗，笑容明亮。

“出水之后呢?”我清楚自己是在刁难你，因这是禅宗里智者的对话。岂料你眉眼弯弯，淡然如画：“出水之后呀，是荷叶。”

原来，你也是一个智者。

佛教中有个字很有韵味——“缘”，我前生修了几世福气，才能够邂逅您这样的父亲。

Part 3

天色渐渐昏暗，余晖在天空中呈现出一种别致的美态。林子间传来几声嘶哑的蝉鸣，地上斑驳的光影也已变得暗淡。我正思考着怎么打破我们之间的沉寂时，突然就听你问：“阿敏你瞧，这块石头大吗?”

我定睛朝你所指的方向望去，那是一块极大的石头，在落日余晖的映射下，颇似一个美人醉卧在树下。

“嗯。”

你既没有肯定也没有否定我的回答，待我们走到林子边缘，你又问：“那现在呢?”

“太小了，我都看不见它了。”

你笑："你以为很大的自己跨不过去的坎，经历漫长时光后回头看，根本不值一提。"

"爸爸小课堂"又开始了。原以为你工作在外无力关注我近期繁杂的学业，可如今你主动朝我伸出了手。你拉我看尽潮起潮落，带我洞悉箴言警句，随我遍历万物景观，为我划出了一道同心圆。

想起你曾指着几种植物跟我分享过："民国时有个人叫赵宗预，他将社会里的人分为四种。一是浮萍式的人，立身处世漂泊无定，是环境的俘虏；二是凌霄花式的人，只在一人面前低头，但在众人面前狐假虎威趾高气扬；三是小草式的人，外柔内刚，有韧性，有尺度；四便是青松式的人，孤特独立不偏不倚，有富贵如浮云的信念。第一种人和第二种人都不及格。"

人生不过百年，你会当哪类人？你活得完全称不上风生水起，却又尺度适宜，外是朗朗清风、内有浩瀚大海。

遇到人生事业的低谷期时，你只会用自嘲掩盖落寞，用盔甲装备自己，不会让我和妈妈看出任何端倪。爸爸，你就像一块海绵，将所有苦水都吸进自己肚子里，还要在我和妈妈面前炫耀被幸福撑得好饱。

平凡人也有自己的傲骨，普通人也有自己的执着。何其有幸，能成为你的执着。

Part 4

黑幕徐徐展开，我和你走出林子时，四周的建筑已亮起五彩斑斓的光。你笑称要赶快回去给妈妈做的晚餐捧场，我特意落下几步，踩着你被路灯拉得老长的影子，和你一前一后走着。

曾经英俊挺拔的背影如今有了些许微微的佝偻，白衬衫有些汗湿，在路灯的照耀下显现出一道属于“劳动者的伤疤”。

犹记那年学习《背影》一文时，老师在讲台上读，我在讲台下泣不成声。大概是每次分别，我都会暗戳戳写篇《背影》来控诉你的“罪行”，如此一来便和朱自清先生有了些许不可言说的默契。

而今，你转过身，依旧是笑着，我却有了想哭的冲动。“快点走呀，闺闺（龟龟）！妈妈等着咱们呢，别到时候又说我把你给弄丢了！”

我确信自己听懂了你的调侃，借着打哈欠的动作揩了揩眼角的泪光，同样以轻松来回应你，“爸，你走慢一点就不会把我弄丢了，我才会相信你的悔过之心！”

我脚步轻快朝你奔去，轻轻告诉自己。没关系，虽然这一路没能找到合适氛围说出一句别扭的“我爱你”，但很快，我就可以到离你更近的地方去学习和工作了。

未说完的抱歉和爱，我以后说给你听。

（本文作者为湘潭大学商学院 2017 级本科生，现为暨南大学经济学院 2021 级硕士生）

奶奶的三代观望

边传沁

江汉沮漳，楚之望也。鄂西江汉平原的过渡地带孕育出了一个袖珍的小县——远安，那是我的家乡，奶奶和子孙们的故事便发生在这里。

故事要从奶奶的父亲说起，太爷爷原是远安地界儿上的大地主，家大业大，拥有一子二女，我的奶奶便是陶府的小女儿。新中国成立后，土地改革法规定，废除地主阶级封建剥削的土地所有制，实行农民的土地所有制。奶奶家里的田地被没收，粮食、家具都要上交，家仆被遣散。昔日满满当当的一家子人，如今只剩飘零的几个人。奶奶回忆说："那时的我只有六岁，学堂都未曾上，名字也未曾取（过去的孩子一般都是在上学以后才取名字，此前都唤乳名），此后也再无陶府。我记得，那年的冬天格外寒冷，爹被'打倒'了，我也成了地主成分。"

经过思想改造后，奶奶和家人被赶到一间破旧的茅草屋里住，除了一堆稻草，就是四面墙了。碗筷是按人数发放的，同时还分得一小块土地。太爷爷深知一家子人因为成分问题，以后的日子必定不好过，便希望儿女们离开自己，以后少受一点苦。奶奶说："当时我还小，根本没有意识到那晚的爹将是记忆中爹最后的模样。第二天一早，我就被奶娘带走了，最后寄养在一户姓山的人家里。姐姐也被带走了。"奶奶不愿回忆起这段往事，小时候家里的小辈们听说奶奶曾是地主家的女儿，便很喜欢缠着奶奶讲过去的旧事。记忆里，奶奶每每与我们说起都很是伤情，泪珠在眼角徘徊，情到深处红了眼眶。

到了山家，奶奶成了山家的女儿，六七岁的孩子好像在一夜间突然长大，娇生惯养的大家小姐开始帮养父养母做农活，照看弟弟妹妹，山家人由此待她也很好。再长大些，到了上学的年纪，家里穷，奶奶也不敢向养父母提上学的要求。"小时候虽然穷但心气儿也高，每次看到别家适龄的小孩儿背着书包去上学，我就会躲到床脚偷偷地擦眼泪。"奶奶回忆道。所以每天急忙把家里的活儿做完，便趴在学堂窗边听老师上课。时间长了，老师发现了她，不仅未责备，还允她进教室旁听。好在养父母也是心善的人，得知奶奶读书的心愿，便也交了学费让她去上学。

读到四年级，奶奶的养父意外去世，家里失去了支柱，不想给家里增添负担，奶奶退了学。奶奶的养母心疼她太懂事，让她回去继续完成学业。小学毕业后，由于地主后代的成分问题影响升学，也因为家里弟弟妹妹也在上学，经济压力太大，由此放弃了学业。奶奶常说："我能读书完全是幸运的，养父母对我的善意让我有了一点文化，不至于成为文盲被时代淘汰。你们如今有这么好的条件，一定要好好读书，学到的知识是谁也拿不走的。"

再后来，经人介绍，出落得亭亭玉立的奶奶认识了山那边参军退伍的青年，那个年代的爱情很纯粹，很简单。到了适婚年纪，军装青年便成了我的爷爷。结婚生子，从此以后，料理家事，相夫教子便成了奶奶世界的全部。

在重视政治面貌的年代，奶奶能有一个和睦幸福的家庭已是不易。直到改革开放，奶奶才摆脱了成分束缚。儿女们慢慢长大，作为母亲，奶奶希望儿女们以后都能有所作为，她将所有美好的期望都寄托在子孙身上。我的父亲是家里的长子，据长辈们说，我父亲打小就聪明，奶奶格外看重他。可能是物极必反，过多的爱反而成了对孩子的溺爱，使得父亲在该努力的时期太叛逆，私自辍学创业。因没有清晰的规划和超过常人的意志，最终未能闯出一番事业。

后来我出生了，但我小时候对奶奶并没有多少特殊情感。这可能是从小没养在爷爷奶奶身边的孩子大多都不太亲近爷爷奶奶的原因。小升初，我意外考进了当地很著名也很难进的学校。在我的记忆里，当时最开心的人是奶奶，逢人就说我考进了哪一所学校。基于小孩子的理解力，我很自然地将奶奶对孩子的情感与成绩联系在一起。也可能是因为这种想法，我在初、高中时期的学习成绩并未太让家长操心过。

慢慢长大，价值观逐渐完善，我觉得奶奶对我的爱太过于功利了。所以周末放假不喜欢去奶奶家，不喜欢让奶奶知道我的近况。偶尔放假吃到一些特别的食材，会被妈妈告知是奶奶拿过来的，那时候心里也未有多大触动。

很平常的一天里，妈妈打电话到学校告诉我，奶奶突发心脏病做手术，刚出重危病房。因为高中全封闭式的管理，只能给奶奶打个电话。接通电话后，话筒的那一头传来颤颤巍巍的“喂”。

得知是我后，就像个小孩子一样，语调上扬和我聊天。放下电话，我鼻酸了，心颤了。突然明白奶奶深沉的爱，一直以来被我理解得有多浅陋。

高考成绩出来后，考得还不错。暑假结束，前往大学的那个早晨，奶奶来送我，拉着我的手不肯放，让我跟她照张像，盯着手机上的照片，奶奶说："真好，真好看！"我看着手机里的奶奶满脸沟壑，才蓦然发现奶奶老了，而我错过了太多奶奶的时光。坐在车上，打开车窗，奶奶凑过来叮嘱着说："去了好好学习，别贪玩儿。"说着说着，年过古稀的老人眼泪不自觉地在眼眶里打转。

车开走了，看着家门口奶奶招手的身影越来越小，直到模糊，我也更加明白奶奶的观望是盼望子孙成才，也更是爱。

奶奶的三代观望，一代是时代下的无奈，二代是溺爱下的悔，三代是喜是不舍也是更远的盼。

（本文作者为湘潭大学商学院2018级本科生）

不完美小孩

刘丹琪

我从小就觉得，我是能干大事业的。

从小学到高中，我的成绩就十分优秀，中考也以优异的成绩升入了市里的高中，这让我的老师十分欢喜，同学也很羡慕，亲戚朋友都夸我有出息。我当然也是沾沾自喜，觉得人生一片光明。

但是，这一帆风顺的日子并没有如我所想的一直持续下去，高二分科以后，我被越来越难的物理拉了后腿，经过了一番艰苦卓绝的努力，总算考上了大学。

“大学真好啊！大学没有物理，这下总算能够扬眉吐气了吧。”看着封面是喜庆红色的通知书，我这么想着。

然而，生活给我准备的剧本并不是一个落后生奋起直追，最终改头换面衣锦还乡的励志故事。高中太辛苦了，松开了那只名为高考的手，自律就像断了的橡皮筋，以一个意想不到的速度迅速回弹。

“喂，最近怎么不往家里打电话了？是功课忙吗？”繁星满天，我跟着下课的人群往宿舍走，强忍着心里的一丝不悦应付着听筒里的声音。

“啊，是啊，妈，你看我现在才下课。”

电话那边沉默了几秒，仿佛是在思考要说什么。“学习也别太累了，要注意方法。你看你 s 大的高中同学今年都拿了国家奖学金了，人家每天都六点半起床，你也别睡懒觉……”

“又来了，我就知道……”我在心里嘟囔。“妈，我都这么大了，哪能整天光学习啊，学校有好多事儿呢，再说我这不是一直在学嘛。”

“哦。”电话那头欲言又止，最后只传来一个不带感情的单音节。半晌声音又传来，“妈妈知道你一个人在外地不容易，你自己心里有数就行了。”

“好。”我胆战心惊地挂了电话，听起来妈妈好像生气了，不过天高皇帝远，考试月还没到，到时候我努把力考个好成绩给她看就行了。明天，明天我一定用心学习！于是我又心安理得地钻进了被窝。

寒来暑往，日子就这样一天天过去，心心念念的“好成绩”终究还是没有等来。直到，我又站在了人生的岔路口。

考研成了连接现实和梦想中未来的唯一的独木桥。我站在桥头环顾四周，那里本来该有很多条路的，但全都被我自己堵住了。

我开始慌了。

“妈，你说我该怎么办啊？”我站在别人看不到的角落，想着不合格的卷子号啕大哭。

“你别哭，”电话那头又好像斟酌了好久。

“我如果就此成为一个失败者，我该如何自处，如果我就此与我的梦想擦肩而过，我又该如何面对一个这样的自己。”

“我说，”我妈的声音突然响起，轻轻地，不带一点波澜，“咱们家买新房子了。”

“什么？”我大吃一惊。

要知道，住大房子一直是我爸妈为之奋斗的目标，奈何房价太贵，家里再三讨论得出的结论总是再等等，再等等，等房子便宜点。可现在房价还是那么高，家里怎么决定买房了呢？

“你爸换了新工作，每个月有住房公积金，家里有些积蓄，贷款压力也不是很大，钱你不用担心。本来是怕耽误你复习想等你考完试再说，但今天跟你讲是想告诉你，人生没有什么失败不失败的，你知道最幸福的人生是什么吗？是永远做着自己想做的事，永远为梦想奋斗的人生。我和你爸，这么多年，受了多少苦。今年你爸努力进修过了成人高考升了工程师，我调到了外地工作。一直说想住大房子，这不是也实现了吗？你不是总是嚷着实现梦想吗？哭有什么用，要踏实，要努力，要脚踏实地。我们这么大年纪了都能做到，你呢？”

“我呢？”我安静下来。

似乎进了大学，就好久没有认真听过妈妈的话了。不知为什么，在距离高考过去了仿佛一个世纪之久的今天，那些早就忘却的回忆却又随着那熟悉的语调在我脑海中浮现：

冬夜，城市还没睡醒，妈妈在厨房准备早饭，一边看着墙上的挂钟，一边盘算着怎样让我多睡一分钟。

骤雪，夜将尽未尽，老爸骑着电动车一步三滑，在堆满积雪的上学路上跋涉，时不时扭过头来叮嘱我把羽绒服的拉链拉高点。突然，街灯刷然全灭，东方浮起鱼肚白。

后来家里有了车，大雨滂沱，我坐在副驾驶座上，盯着电子表上跳动的数字，骂自己为什么不早起一点。等到车子终于稳稳停下，我来不及说声“老爸再见”就冲向教室，刚到教室预备铃就响起。

寒风凛冽，无论多黑的夜晚我都不会害怕，因为在学校门口的那个角落，总有个身影在等我回家。

后来呢？

后来我渐渐觉得他们的思维赶不上时代，总是无视他们的建议，质疑他们的意见，甚至想远远地躲开他们的管束，就连打个电话也不能心平气和地说上两句。他们在电话那头一次又一次地欲言又止，我却曲解着他们的意思，甚至怀疑他们是不是还像从前那样爱我。

但我早已过了向父母索取疼爱的年龄了，不是吗？

我原以为，远离了家乡，远离了他们，我就能像飞出雕花鸟笼的金丝雀，就能拥有一片曾经向往的自由天空。

我原以为，吹灭了蛋糕上十八根蜡烛，我就能独当一面，就能在他们面前倔强地说“不”，当个不乖的大人。

我原以为，自己已经足够强大，在生活的激流和漩涡中，我至少能和他们并肩而立，成为他们的依靠。

我原以为……

其实我现在只不过是个自私幼稚的不完美小孩，他们焦虑，他们不安，只不过是担心现在的我离开他们为我搭起的荫庇会茫然失措，他们催促我努力上进，只不过是想看到我早点长齐羽翼，在他们力所不能及的远方，也能不惧风雨，拥有追梦的资本和力量。

你说岁月静好，只不过是有人在替你负重前行罢了。

“妈，我不哭了。”我一面说着，眼泪一面止不住地流下来，不过怀着的是和几分钟前迥乎不同的心情。

对啊，幸福不会从天而降，要继续坚定地，坚定地朝着山的那边走，总有一天会看见海的。

就像我爸妈曾经那样。

而那一天，一直躲在你们身后的那个不完美小孩，就能有守护你们的力量了吧。

暮色四合，周围浮起细细碎碎的星光。那些挡在我面前的诸多名为“不可能”的巨岩轰然碎裂，我看见归巢的鸟儿从远处飞来又飞向远方，一只两只，扑扑啦啦，成群结队。

（本文作者为湘潭大学商学院2015级本科生，现为北京国家会计学院审计专业2019级硕士生）

姥姥要开“乡村网店”

陈俊嘉

“我的大孙子，快来帮姥姥看看，这个淘……淘……淘宝是怎么搞的?”一回到我乡下的姥姥家，姥姥就迫不及待地来问我，“你的舅舅叔叔们都不知道怎么弄，你哥哥又在当兵，姥姥只能麻烦大孙子了。”我看着姥姥像小朋友一样急切的眼神，接过手机一看，居然是要在淘宝上开网店！我满腹狐疑，问道：“姥姥，您这么大年纪了，还要在淘宝上开网店，这是要干什么啊?”姥姥笑了笑，说道：“大孙子，你不知道吧，这些年，我们农村发生了多少变化……”

“我小的时候，我们家里的地是盐碱地，那个时候种不出什么东西来的，如果赶上风调雨顺，我们还能勉强维持生计，如果碰上灾年，那就要饿肚子了……”姥姥叹了一口气，仿佛想起了什么悲伤的往事，然后喝了一口水，继续说道，“20 世纪 60 年代的时候，正好赶上自然灾害，我们家里什么吃的都没有了。我和你舅姥爷他们，当时也就十几岁，还不太懂事，在家里饿得都哭了。你老姥姥老姥爷就出去拼了命的给我们找吃的，有的时候要给人家打零工到深夜才能给我们换吃的回来。”姥姥停了一下，继续说，“后来，我成了家，有了你舅舅和你妈妈，结果又遇上了那10年，那段时间只有我和你姥爷的话，生计还能维持，但是那时候你妈妈他们才几岁，整天哭闹着要吃东西，我和你姥爷也只能像你老姥姥和老姥爷一样，整天拼命工作，才把你妈妈他们拉扯大……我的大孙子，你要永远记住，没有奋斗，是不会有好的生活的！”

说完这些，姥姥好像有点不太开心，我急忙说道：“姥姥，您不是要给我讲近些年农村的变化吗?”姥姥这时突然一拍脑袋，“对啊，看我这脑子，姥姥老了。”然后姥姥开始笑着说：“后来啊，就是改革开放了，起初，我们不知道什么是改革开放，后来听说，就是要把东西卖给外国人，再买外国人的东西，当时想，咱自己都不够用的，干啥要给外国人。后来啊，听说北边靠海的地方卖东西给外国人挣钱了，家家都住上了砖头房子。我们的村主任听说了，一撸袖子，领着大家伙开始干。这一干可了不得了，外国人挺喜欢吃我们种的菜的，然后我们村子就开始慢慢富裕起来了。那以前我们村住的都是泥土房，有钱了，大家都盖上了砖瓦房，我们当时都可高兴了。再后来国家也来帮助我们，把我们家门前那条大土路，修成了一条笔直的大马路，还通上了公交车，从那以后姥姥出门，就不用走好几个小时了！”姥姥说到这，已经笑得合不拢嘴了。

我看着姥姥这么开心，于是说：“姥姥，继续讲下去吧。”

“后来啊，听村主任说，国家又推出了‘三农’政策，要给我们农村和农民支持。果然那个冬天，政府派来了好多专家，帮我们治理盐碱地，教我们如何育种、治理病虫害，还帮我们建起了蔬菜大棚。从此姥姥家冬天也有蔬菜吃了，再也不用每顿都吃大白菜了。”姥姥说到这里，脸上情不自禁露出了笑容。

“姥姥，现在您都住上楼房了，这栋楼房是什么时候盖的呢?”我又继续问道。“这楼房是最近几年才盖的。现在政府对我们是越来越关心了，把我们住了好几十年的平房换成了楼房，还给我们每个农民生活补助，这样，我和你姥爷终于可以休息休息了，不用每天往田里跑了。”姥姥开心地说。

“不对啊?”我疑惑道，“那姥姥您为什么要开网店呢?”“这个呀，要问问你姥爷!”姥姥笑着说。

“哐当”一声门响，姥爷这个时候正好回来了，姥爷一进门脱下鞋子就说：“老婆子，网店搞好了吗?”“搞好了，大孙子帮忙搞好了。”姥姥高兴地说。“姥爷，你们为什么要开网店啊?”我脑中充满了疑惑。“这个嘛……”姥爷喝了一口茶，卖了个关子说，“现在国家搞乡村振兴战略，特别鼓励乡村自己发展，我们村里有那么多新鲜的蔬菜，网络这么发达，你姥爷我作为村支书，这不搞个网店，帮大家把菜卖给全国人民。这样我们村也会更富裕，我们争取以后村子里每人一辆车!”姥爷说完，一口把茶都喝完了，像是在鼓励自己的雄心壮志一样，结果居然呛着了!

“哈哈哈”我们都大笑起来，姥爷也笑了笑，最后说：“新时代的春风给我们农村以新活力，农村的沃土就是创新创业者的沃土，我相信，我们劳动者一定会托举一个又一个美丽的乡村！人都到齐了吧，开饭!”

由得林洛斯在《河神计划》中写道：“世界上有很多东西需

要后天学习，包括如何去爱……爱是需要回响的，哪怕只是一句我知道……那么它一定会感动到泪如雨下的。”

好几个月没下过雨的广州，那天晚上终于下雨了。

（本文作者为湘潭大学化学学院2019级本科生）

梅　爷

赵永祥

梅爷走了，去年初夏走的。

“梅爷，梅爷在吗？快去看看，高家那俩兔崽子又打起来了……”

梅爷是我赵姓本家，家谱排“树”字辈。年轻时当过兵，在部队历练过几年，骨子里透着当兵人的刚毅，爱笑，高高大大的，看起来却是一股子和蔼。梅爷左腿有疾，从部队回来后便学了一门木匠手艺，在我家老宅旁边安定了下来。后来村里选村主任，梅爷德高望重，这一任就十几年，村里的各种琐事也就管了十几年。往往有人喊的时候，梅爷就披件老中山装，从里屋出来，叫一声，“看看去。”那人就往前带路去，一边走一边说明情况。只要梅爷出马，没有解决不了的事。小时候很佩服梅爷，觉得梅爷有武侠小说中高手的气场，出场就有一种震慑场面的气势。

早些年高家的当家人是我的一位表舅，学得一手好手艺活，忙活大半辈子帮两位表哥盖了房子讨了媳妇。到该享清福时突发脑血栓，最后命虽保住了，但落了个半身不遂，再也干不动活了。表舅躺下后，两位表哥整天喝酒打牌，哥俩也彼此看不顺眼，三天一小打，五天一大打。表舅每天以泪洗面，甚至动了一了百了的念头，是梅爷劝着，拍着胸脯保证，“这俩小子我管了。”

梅爷到了现场，现场马上就安静了，高家俩小子谁也不吭声，离得远远的，低着头坐着。梅爷也不吭声，坐在老太师椅上啪嗒啪嗒地抽烟。过了一会儿，对屋里的乡亲们道了一声，“各位回吧。”乡亲们也不好说什么，回一句：“欸。”屋子里便没了其他人。听人说那晚梅爷和那俩小子聊到凌晨，事后两天，俩小子都没了人影。后来又有传闻，梅爷借了俩人万来块钱的本金，哥俩跑出去打拼了。

前几年，农村医疗保险和新型农村社会养老保险在农村大力推广。村里老人多，大多数子女都去城里打工了。老人嘛，也不太懂这些，嫌麻烦，也不重视。梅爷就带人，挨家挨户地走，帮村里的老人把医疗保险都给办了下来。有人调侃梅爷，“您呀，别临了漏了一个，把您自个给忘了。”梅爷哈哈笑道，“哪能，穷人不能穷自己嘛。”那人撇撇嘴，“您说这话您自己信不?”梅爷笑一声，不予争辩。

“脱贫，光吃政策也不行啊。”梅爷寻思着，要从根儿上把扣在头上的“穷帽子”给摘了才行呀。村子比邻漳河，老一辈人都活在漳河边上，后来发大水筑了堤坝，村子也从漳河边上搬到了堤北。早些年，有人打过堤南的主意。河边的细沙是造房筑地的好材料，有的是生意。但后来村子里嫌对环境破坏太大，就给停了。梅爷也打起了堤南那片地的主意，毕竟那是河边的沃地，那肥力绝对不差。梅爷找人开会合计，计算成本，最后得出结论，有利可图。说干就干，把以前挖沙挖的坑给填平，将一大块地划分为几个区域。一块装上塑料大棚，种上了红薯苗，另一块种上了花生，大大小小的地，足足种了五六种作物。后来听说，开荒和秧苗的钱说是从村委会里拿的，但其实村委会的那点钱根本不够，是梅爷自掏腰包……

那么多的地总是需要劳动力的，梅爷也给解决了。村子里剩下的大多是一群老头老太太，没有工作，平常只照看一下自己家的一亩三分地。梅爷以村里的名义把他们给雇了过来，让他们一起照看堤南的作物，发工资。村里老人跟土地打了一辈子交道，都是种地秧苗的好手。老人们也高兴，打拼了一辈子，临了老了，还能上个班挣点钱，发挥点作用，跟年轻人宣示一下自己还能干。村里好多的年轻人听说了，也不禁感叹梅爷的头脑。邻村的人也跟着眼红，争着学起了梅爷的“致富之路”。

堤南种地挣的钱，梅爷做了公示，补贴给低保户一部分钱。剩下的钱给村里修了路，把原来的“水”“泥”路真正变成了水泥路，混凝土路铺到了各家门口。

梅爷好评论时政，对党和国家的多项政策大力叫好。我见过梅爷看阅兵仪式时发怔，良久，发出一个“好”字。

梅爷爱讲故事。讲红军长征的故事，讲他年轻时当兵的经历。每次故事讲完，梅爷都会感慨一阵，“现在政策好了啊，国家也强了，以前打仗要从鬼子手里抢武器，现在咱自己造的让他们眼红。以前吃口饭都成问题，现在咱经济发展了，每天出口量都是个天文数字。改革开放好，命好，赶上个好时代啊……”梅爷说着说着就忍不住大笑。梅爷那条腿，就是当兵执行任务时瘸的。

2019 年年初，我去医院看梅爷，梅爷跟我说的最后一句话是，“娃呀，好好读书，国家的将来可就交到你们手上了……”

梅爷走的那天，天上下着小雨，淅淅沥沥的。高家那俩小子跪在梅爷的遗像前，哭的像亲儿子似的。他俩打架那天晚上，梅爷走后俩人一晚没睡，第二天跪到表舅面前，一人磕了一个头，说不混出点人样就不回来。

梅爷下葬那天，村里人都出门相送，墓旁排满了花圈。

（本文作者为湘潭大学商学院 2019 级本科生）

外婆家椅子说的故事

赵　涵

这是一个原木色的交椅，没有涂过油漆，也没有花哨的外形。椅背磨得发亮，依稀可以看见原先黄木条纹的模样。它端坐在厅堂里，面朝南方，方正普通，看似朴实、沉默又笨拙。父母正在它面前忙碌地处理着外婆的后事，而我胸前别着一朵白色的纸花，就坐在这把交椅上。它不是一把普通的椅子，它是一把会讲故事的椅子。可是它现在睡着了，它太老了。但就在刚刚，我听到了它讲的故事，那些沉寂了许多年的故事。而这些，只有我知道。

椅子说的故事

我出自清朝一个民间匠人之手，他的手艺可能不是很好，导致我的左前脚短了半厘米，因此我作为一个残次品便被搁置在仓库中，渐渐蒙上灰尘，沉沉睡去。这是多久以前的事，我已经记不太清了，我只知道我确实看到过，听到过，感觉到过。直到我再次睁开眼睛。

我要讲的第一个故事是关于一个小女孩的。女孩的家乡是一个僻静的小小山村，景色别致而整齐，卵石垒墙，碎石铺路，北临河滩，南倚青山，显得清秀幽静。我被放置在女孩的屋子中。那是一间茅草房，墙面是芦苇密密织成的，屋顶用厚厚的干草盖着，冬暖夏凉。但是每到下雨的日子，雨水就从草墙、屋顶渗入，浸湿泥土地面。这时女孩便会把我搬到渗雨的屋顶下，仔细地垫好凳脚，然后光脚踩着我去修补屋顶和墙壁，我真担心她瘦弱的身体下一秒会被狂风吹倒。晚上，木门在风中“吱吱”作响，女孩不敢入睡，央求她的母亲陪她。我看着母亲抱着女孩，抚着她的背，讲着将军英勇杀敌的故事哄她入睡。窗外风雨交加，窗内灯火缱绻，仿佛时间都放缓了脚步。

我的第二个故事的主角是一对夫妻。不知道从什么时候开始，经常有一个青年偷偷地从门口溜进来。他有时会带几块不常见的糖果，有时会带来几本小人书，讨好一般地塞给少女，明亮的眸子怔怔地看着少女的笑脸。后来，少女穿上了火红的嫁衣，喜悦的神情比天边的彩霞更加夺目。在盖上红盖头之前，少女犹豫了一下，伸手指向我。于是我被迎亲的队伍扛在肩上，走过泥泞的乡间小路，从茅草房来到了一座砖瓦房的厅堂。砖瓦房不算大，一个厅堂和东西两个偏房，外加一个小院子。少女以后不用自己修补屋顶了，我想。

厅堂的墙上挂着一张人像，我听少女说他是“伟大领袖毛主席”，桌上摆着一本《毛主席语录》和一套印着“解放”字样的茶杯。少女过门后向坐在我身上和我旁边的中年男人和女人敬了茶，从此她便成了妻子。

又过了几年，他们夫妻二人有了一个女儿，她可真是个淘气的小家伙儿，着实招我喜欢，她胖胖的却不安分的身体在我怀里扭来扭去，我已经很久没有看到这么活泼的小姑娘了。小姑娘一天天长大，砖瓦房中多了许多她手捧奖状站在房子旁的照片。伴随着收音机中传出的“时间就是金钱，效率就是生命……”，丈夫神采飞扬地向妻子解释“改革开放”，说村主任要积极响应党号召的“要想富，先修路”。“柏油马路已经在筹备中了，以后囡囡去县城上学也方便多了。”丈夫摸了摸小姑娘的头说，小姑娘依偎在妻子怀里，懵懵懂懂地听着夫妻二人构想未来的美好蓝图。真好啊，我想，我还没有见过柏油马路呢。

现在，我要开始讲最后一个故事了，我也确实有点累了。

她是一位老人，确切地说是一个老奶奶。老人居住的条件很好，红砖砌的两层楼房中电视机、冰箱、空调等家电一应俱全，还有一个大院子，大黄狗经常把在院子里乱跑的几只鸡鸭撵回笼子。院外是村中早就修好的柏油马路，经常会有两三辆汽车停在门口。穿着整齐面容亲切的几个人登门拜访老人，询问她过得怎么样，有没有什么需要政府解决的问题。

我觉得她并不是一个别人说的孤独的“空巢老人”，因为她的女儿经常带着她的外孙女来看她。女儿每次回来都会告诉老人当下发生的一些新鲜事。比如“北京要举办奥运会了”“十二五规划开始了”“国家要建设美丽乡村了”……但我觉得她有时也是孤独的，尤其是当她的女儿离开后，老人总是会坐在我身上，用颤巍巍的手抚摸着桌子上的一张合照——那是老人年轻时和她的丈夫还有女儿拿着奖状的照片。每到这时，总会有温热的液体落在我的身上，我不知道她为什么流泪，她的女儿明明很孝顺，村里人都羡慕她。我不懂人类复杂的情感，但我莫名觉得很难受，想要安慰一下老人，但是我做不到——我连眼泪都没有。

这些就是我要讲的故事，而现在，我要睡了。

我说的故事

椅子的故事结束了，现在就让我这个说故事的人来继续。

外婆生于中华人民共和国成立初期，她嫁给外公后两人一起打拼，从无到有，白手起家。从砖瓦房到红砖砌的二层楼房，历经人民公社到改革开放再到新时代，外婆目睹着新中国从一个呱呱落地的婴儿成长为如今屹立于世界民族之林的强盛国家。路途虽然跌宕坎坷，但实现中国梦的目标未曾改变。

外婆离开了，带着老一辈人的记忆与梦想，她是建设新中国的万千人中微不足道的一员，在浸满汗与泪的光荣岁月中留下了属于自己的一笔。

她的故事由椅子告诉我，我现在把它告诉你。我的朋友，因为在今后的日子里将由你我一同接过前人之笔，谱写共和国新的篇章。

现在，我的故事也讲完了，听完故事的人是否应该行动了呢？开始吧，我的朋友。

（本文作者为湘潭大学商学院2019级本科生）

爸爸，父亲

李千姿

时光时光慢些吧，不要再让你变老了，谢谢你做的一切，双手撑起我们的家，感谢，一路上有你。

——题记

我有两位父亲。九岁的时候，几个月纠缠不休的事情就此尘埃落定。他走了，义无反顾地去了另外一座城市，我的生命里，“爸爸”这个称呼，似乎也随着漫长的时光，在我的脑海中渐渐淡去。

他生育了我，我身体里流淌着他的血液。只可惜我不是男儿身，并不讨他的喜爱。九年以来，我与他见面的次数屈指可数。他嗜赌，爱到放弃工作，放弃家人。母亲常常讲起我小时候的事，很多事我现在也记不太清了。大概是说我两三岁时，经常没人抱就哭，母亲着急做饭，只能一只手抱着我，另一只手炒菜。有时左手抱着我的同时还端着一个盛好菜的碗，不懂事的我就拿手去碰碗里热腾腾的菜，被烫哭了一次又一次。最后母亲语气中带着心酸，说："尽管这样，他也不愿意抱你。"你们肯定很难理解，当你刚刚有记忆时，抱着饭碗傻站在门口，目睹父母争执甚至打架的心情；你们肯定很难理解，半夜被吵架声惊醒，看见母亲泪流满面和散落在地的零钱时的心情；你们肯定很难理解，被怒目相对的两人夹在中间，被逼问以后和谁生活时的心情。这些戏剧性的故事却真实发生在我身上。对我来说，他只是有血缘关系的爸爸，也仅仅是有血缘关系而已。

在作为单亲孩子的那一两年，我觉得我是个可怜的人。表面上，我虽总是云淡风轻的样子，父爱的缺失看似并没有影响我什么，但是在我幼小心灵里，总是羡慕别人家的女儿和爸爸融洽相处的场景，要是我也能这样该有多好。

他养育了我，默默无闻地。很庆幸，他是个好男人，他并不嫌弃我和妹妹。这十年，我有了一位父亲。他是个老实人，没有心机，没有贪婪，他对母亲很好，妹妹也很喜欢他，也许是长大了，脸皮薄了，妹妹叫爸爸的时候，我总是惭愧地低下头，装作无事发生。十年来，我没有在他面前开口叫过爸爸。"爸爸"这个词，对我来说，早已是一个深埋在心底的冰冷的名词，简单的两个字对我来说却很难为情地开不了口。他很努力，很勤奋，他在家的时候，家务他都会主动做，就算是辛苦工作了一天，晚上回到家也不偷懒。母亲也趁此享了清闲。他的工作很累，是名普通的工人，在尘土飞扬的工地上，在酷热的烈日下，在凛冽的寒风中。我也是个很要面子的人，记得我的中学时期，他偶尔穿上破旧的工作服送我去学校时，我总是在离校门十几米的地方让他停下，剩下的路自己走过去，就怕遇见同学时会问起他。依稀记得在我初三那年的暑假，他去了外地工作，母亲隔三岔五地打电话叫他回来。江西的夏天热得让人畏惧，这种天气要在没有遮挡的工地上工作八九个小时，晚上睡的是集装箱式的宿舍，想想都觉得难熬。可他却总是再三推脱，说再过几天就下雨了，凉快了。为了我们一家人的生活，为了我和妹妹能有更好的读书条件，他就这样，顶烈日，冒酷暑，努力地一个人撑着，毫无怨言。

十年前的某天，我被判给生父抚养，母亲舍不得，我便跟着她生活，由生父支付抚养费。生父去了外地，也组建了新的家庭，有了个孩子，男孩。我也在继父深沉的爱下健康成长了。考上大学之后，离开家乡，虽然离家很近，但是待在家里的时间也远远不及以前。每次回家，我都能感觉到他不溢于言表的喜悦。

我们总是在意错过太多，缺少太多，却没注意到自己拥有多少。渐渐长大，我才明白，我不是一个可怜的人，而是一个再幸福不过的人，我拥有双倍的关心，双份的父爱。希望每个人都要明白，在这个世界上，总会有人爱着你。在我看来，爸爸和父亲是有很大区别的。爸爸只是一个平平无奇的称呼，而父亲，则承载了更多的含义和责任。那个任劳任怨的男人，在心里，我已经叫了他无数次父亲了。

（本文作者为湘潭大学文学与新闻学院 2018 级本科生）

我家的朱娭毑

李　馨

“乖乖，一定要好好念书，做个有文化的人呀。”娭毑择着菜，偏过头对我说。我弯弯眼睛点了点头，又继续给小熊换新衣，“做个幼儿园老师也不错嘞。”娭毑看着我认真的模样打趣道。春天的太阳不晒人，空气中还夹着徐徐凉风，一对祖孙坐在门前小院互不干扰又一直伴着。

娭毑是我妈妈的母亲，本应该叫外婆，但娭毑却不喜，她觉得外婆像是外面的婆婆，于是我和两个哥哥都叫她娭毑。我在她跟前长到了十五岁，从一个牙牙学语的粉团子变成了一个亭亭玉立的高中生。我一直认为我骨子里那点稀罕的坚韧和温柔都来自她吧。

娭毑是我们那栋楼的楼长，看起来是个“官”，其实不过是为了给退休的老人们一点心理慰藉，可这个闲职放到娭毑身上却一点也不闲。小到帮邻里捎带东西，大到帮人家操持喜丧事。我常开玩笑说，我家是十八栋的小小传达室，阳台总是堆满了邻居们的快递或是寄放的新鲜蔬菜，每到晚上家门口总是此起彼伏地响起“毛娭毑，我来拿东西了，多谢！”她都会马上走到阳台笑着看着他们把东西取走。人人都说她热心肠，我说娭毑是“烫心肠”。几年前，隔壁张爷爷住院，娭毑开始组织邻里们去看望他，自己提着大包小包的水果、营养品朝医院跑，但她好像忘了腿疼的毛病已经让她很多年没睡过一次安稳觉了。后来，张爷爷去世了，邻里们都把份子钱托娭毑送去。那几天晚上，总能看见她伏案在桌子前写着每个人的名字和份子钱的数额。娭毑没读过书，写字很慢，像小孩子一样一笔一画、工工整整地写下来，每登记一个人都要花很长时间。有次我想用电脑帮她打印出来，她笑着摆摆手，“这是我们做老街坊的心意，用电脑搞显得多商业哩。”说罢继续俯下身。台灯暖黄的光照在她圆圆的脸上，嗯，果然很温暖！

我有说我骨子那点稀罕的坚韧都来自她，可惜我没能青出于蓝胜于蓝，她比我要坚韧乐观得多。娭毑年轻时在废品回收站工作，工作环境潮湿，又需常年跪地工作，两个膝盖染上了严重的风湿，才六十岁就已无法正常行走，晚上睡觉双腿也无法伸直。但是我的记忆里好像从未听过她因腿疼多说过一句话，更多的时候是她一个人偷偷在房间，一边捶着腿，一边咬破了嘴唇。我初三那年，在家里人几番相劝下，娭毑终于决定做手术换成人工膝盖。“换膝手术”听着都瘆人，可她看起来却丝毫不害怕，术前一直笑嘻嘻，在进准备室前的最后一刻还坐在轮椅上比了个剪刀手。手术前娭毑说：“就痛这么一会，等膝盖好了我又能舒服好多年呢。”我也一直认为上天一定会善待那些善良乐观的人，可是谁又能知道巧克力盒子里下一颗是苦是甜呢？手术结束后半年，因为伤口内部发炎，她不得不再一次进行手术，取出人工膝盖重新安装，但是二次安装终究留下了更大的创伤。嫔驰现在依旧受着病痛的折磨，但是她还是每天弯着那双眼睛，坐在院子前择菜、替街坊收快递、处理着这家或那家的事。

嫔驰出生于1949年，今年已七十二岁了。我以为，嫔驰一生都没能好好为自己活一次。小时候家里穷，为了让哥哥读书，她小学还没读完就辍学在家，担起了所有的家务；二十岁出嫁，成为别人的妻子和母亲，每天在家庭和工作中忙得不可开交；后来她的孙儿们出生了，她成了一个最温柔、最合格的奶奶。街坊们总是叫她毛嫔驰，可她姓朱。

她是一个极其平凡的老年家庭妇女，偶尔很固执也古板。可是她也不那么平凡，小小身体里又藏着大大的能量，足以温暖和感染她身边的每一个人。

读高中以后我难得回去一趟，每次回去都一定要靠在嫔驰肩头，搂着她轻声撒娇，好像这样，我就永远都是她软声喊着的“乖乖”，我没有长大，她也不会变老。

“亮亮，给嫔驰把茶杯拿出来。”“嫔驰给——”我递过杯子，在她的旁边坐下，她靠在我的肩膀上，快落下的夕阳调皮地投射出几缕光，在我们俩的脸上左右游戏。还是那对祖孙，她们坐在前坪的院子里，她们相互依靠，静静陪着彼此。

（本文作者为湘潭大学商学院2020级本科生）

建　国

刘　芯

我的父亲，名叫建国，是那个鲜明的年代里最典型也最普泛的名字。

印象里的他总是被昼夜割裂得很不相同。

傍晚下班时，拉开深巷处那扇被风雨磨得锈迹斑斑的铁门的他，总是灰扑扑的，好似他出门就是为了卷一身外头的乱尘飞沙回来似的。也不管门还大咧咧地敞着，他这时总会第一时间塌下肩膀，而后长腿一迈，两三步跨进并不宽敞稍显逼仄的客厅，径直找到单人沙发精准落座。此时母亲的尖声叫嚷总不会缺席，但为时已晚，父亲早已在沙发上将自己展成半坐半瘫的“大”字，闭目犹自惬意着。

我知道当他起身时，暗红色的单人沙发上一定会铺落一层白灰，所以当他休息一刻后想来抱我时，为了避免像将要售出的麻花一样裹上一层白糖霜，我总是扭着身子跑开。

家里梳妆台的木柜子里锁着一张他年轻时的照片。据说父亲年轻时是打锡巷里出了名的浪子，十三岁便为了生计担着两箱冰棍赤脚在街上奔走。奶奶一手把他和五个兄弟姐妹带大，贫穷困苦里，他还是凭着天性把自己放逐成草原上最刚烈恣意的快马，绝对的孝子，却也绝对的贪享人间声色。

我每每听闻大人们言谈间有关他轰轰烈烈的年少往事，看向那张记录他少年模样，烫了头再加一身花衬衫颇显匪气的照片，总是心绪激动、好奇不已。因着他现在的模样确实是和那些传奇故事沾不上边的。打我记事起，父亲就像是盘踞在沙发上的一座不可撼动的大山，纵使他很少言语，也很少向他的小女儿施威，但一旦他脸色凌厉起来，我便总是很知趣地不敢再同他纠缠打闹。

父亲在晚上总是闲不住的。在沙发上歇够之后，他就会迅速进浴室洗澡，换一身干净的衣裳出门，或在酒桌上推杯换盏，或在一壶铁观音的茗香中大谈兴事。夜晚的父亲洗去了白日里惹上的脏污，高兴出门的模样倒有几分江湖味，那是和白日里沉稳的形象大不相同的。

只是第二天一早，父亲又回到了那副灰扑扑的样子，穿着塑胶鞋，端酒杯的手也握起了铁抹子，在砖墙间用搅好的水泥一寸寸地抹平潦草的沟壑，目光专注得像要洞穿这一切坑洼，直至它顺从地在手下展成白纸一般平滑。

我幼时常和伙伴在巷子里东奔西走地玩耍，巷口上了年纪的阿婆聚在一起总爱用闽南语调笑我家道：“你爸爸哟，原先瞧着是个多不着调的人呐，娶了你妈后竟肯埋头沉下心来做一门行当。有了你这个小鬼后更是了不得，现在大家都得喊他一声刘师傅嘞……”

我起先很不以为意，打趣的闲话最作不得数。可随着日子一长，发现今天那位伙伴的小阁楼是父亲建的，明日那个阿姨家的墙漆是父亲刷的，且每隔一段时日总有父亲的客户在新房装修完后宴请我们全家去赴他们的乔迁宴，每每见面就热切地说着感谢的话，诚心地夸赞父亲手艺功夫如何如何好，做人又是怎样的耿介。甚至好些与我家通过这样一场平凡的生意后逐渐往来成为深交。铁抹子抹来的情，榔头捶下的意，让我的童年融在一片万家灯火之中。而我的父亲也在我的眼中渐成一个盖世英雄的模样，他向前走去的背影是何等的伟岸，骑在他的肩头，我看遍人间，仿佛十万朵怒放的蔷薇和望不尽的天涯都在他的脚下，我的眼前。漫天尘土中，他以凡人之躯，造通天之塔。

母亲同父亲结婚后便辞去原来的工作，给他做小工、打下手。我也因性子豪放，调皮捣蛋而常被他们上班时带在身边。故而我们一家都是毛坯房、建筑工地的常客。

他搅动水泥时，仿佛天上的神将，握紧了长长的铁锹，孔武有力的手臂在此时肌肉绷紧、青筋突现。他铺水泥时，挥毫泼墨的书法家都未必有他细致小心。一层层地铺排，又一寸寸地抹平，他目光如炬，灰铲擦过水泥的嗤嗤声连续不断，这是他尘土岁月里可以注解为匠心的最好哨声。

我时常想不明白，不明白为什么我们一家三口挤在沙发上睡也能心满意足；不明白为什么二楼明明那样宽敞却堆满了建材；不明白到底多少块墙砖叠加在一起，才能重得压折了父亲的腿，让他高大的身躯足足卧病在床三月有余，吊着一条打了石膏的腿还要笑着给我擦掉眼泪；不明白为何他每到一处，总是下意识四处打量空间结构，有时看得眉头紧皱，有时又喜得立马翻出图纸勾勾画画；不明白为何挂在他裤头的钥匙总丢，而卷尺却永不离身。

我跟在他身边抬头看他，而他的眼里尽是千家万户、高楼巍峨。他说："高楼会越建越多的，但房子得越建越好。大厦拔得越高，有能耐的人才能在那里看到别人看不到的远方和国家的未来；房子建得越好，人这一辈子才有家可回，不会无所依靠。"

可惜，他还没有看到属于我们自己的家建成，没有看到这座小城已然是高楼林立。他因指点新入行的小工，在新年的热闹里被风雪带走了，被一块大理石碑永远压在了地下。从此，我急匆匆地开门，只见风雪，不见灰尘和来人。

关于这个世界，关于生死，我有太多的不懂了。他试图通过凝望一颗钢钉，来告诉我有关这个世界的所有奥秘。日升月落，朝辞暮往。

这是他的水泥沙袋，却是我的胄衣铁甲。他把脊梁筑成钢筋，然后深深扎进整座城市、整个国家的土里，以身建国。这是所有在这片土地上担砂挑石，平地起高楼的万千建筑工人的缩影。

人间再难寻他，可风从上方吹过，掠过玻璃楼宇、灯火人家，我又总能从这一片片窗户中窥见他的身影。

（本文作者为湘潭大学商学院2020级本科生）

蜡味淡淡香永恒

胡竟文

迟暮，他把指尖轻搁于那晾挂的蜡染布上，任其坠移。指纹与冰肌的纹路摩挲叠合；蓝靛草的涩与蜡味交织融裹，沁人心脾。风扰弄染布鼓动起伏，恰似在暮晚时分跳着一支庄严肃穆的舞。他仿佛在爱抚着一个生灵，虔诚至极，不容扰乱。那是他所信奉着的，那是他一个人的信仰。

阿公排行老三，乡里人都叫他“三爷”。三爷和他的小儿子，也就是我的表舅，操持着蜡染手艺。三爷说，祖上也做蜡染，他可能是遗传了这种基因，特别钟情于这门手艺，一做就是大半辈子。三爷不想看到蜡染手艺消失，他希望儿子能传下去。

我和表舅是看着三爷蜡染长大的，可他日暮下拉长的影子却愈发佝偻老态。我仍贪恋流逝的光年，在回忆里追捕他昔日明朗的模样——扎着靛蓝头巾，身系皮革围裙，脖子上，脸上，几乎所有肌肤裸露的地方，终日沾着深色的染料，惹得我常常戏称他“花猫阿公”。他也无暇理睬我，只是狠抹一指彩蜡，往我脸上糊去，转身便去忙活了。我哭笑不得，只好猫着身子静观他碌碌。

乡亲们也常打趣他："三老头的脸脏得像装豆瓣酱的瓦缸。"但他们也说："三老头鼓弄蜡染布时可有股子劲哩。"我仔细回想，便轻易捉住他的只身片影——三爷偏爱在夕阳下染布。暮色下，他将土布上提，与宽厚的肩持平，一番颤动轻抖后小心翼翼地浸入到草木灰的滤水中，像是手捧着初生婴孩轻放入浴水之中，容不得一丝马虎。待布料晾挂于院中木杆，他便听着、嗅着——听柔风穿过布料密孔的摩擦声，嗅阳光照射下纤维撕裂的淡香味，他的耳与鼻俨然成了天地之间最灵敏的度量器物。是什么赋予他这般奇力，我不懂，亦猜不透。而后，土布脱去脂质，被轻置于石板——那天然的磨熨台。而三爷，一手轻抚布料铺展，一手紧握牛角磨平，循环往复，娴熟至极。那时，我深觉布料表面上不是指尖跳动，而是蜂蝶纷飞，热火翻天，却不留一丝痕迹。

暮色降临，云彩低垂。我的瞳孔逐渐扩大，逐被雕刻，可浮现于眸中的不是阴沉的厄舍古厦，而是尚未褪残的霞光，旷渺的天空，绰约的雁姿，以及那个独身的老翁。他好像在那刻掌控着暮光下的天地，可他不屑，他只愿与手艺相伴。这让我想到凤凰人沈从文曾经写的"这世界或有在沙基或水面上建造崇楼杰阁的人，那可不是我，我只想造希腊小庙。庙里可以供奉人性，或是人性抽象化、图腾化的神灵。"

三爷轻盈的步伐，踩着乌龙茶似的暮色东迈西踏着穿过我的整个童年。直到那一天，伴着"砰"的一声，院子里那盛满蜡染水的瓷缸碎了一地。我望着从中静静流出的靛青水，在晚霞辉映下蓝的发光；望着三爷像个犯了错的孩子一样站在原地。我明白了，待靛青色的蜡染水不再流淌，我的童年便结束了，阿公也真的老了。

只记得那天他在院子一头静坐了许久，暮色淡淡，落在他的额发，铺成一片银粉。风动之间，晾挂着的蜡染布飘浮涌荡，张弛舒展，将三爷的背影时遮时露。我站在另一头，好似与他相隔了一片靛蓝色的汪洋大海，不敢跨越，不得惊扰。静谧间，他枯哑的声音响起："把你表舅喊来。"

那以后，晚暮如同巨大的网一般笼罩着两人，他们的身影被拉长在院中，一个短一个长，一个伛偻一个硬朗，一个迟缓一个匆匆，皆在无言中，漫成一片悠扬。

我渐渐大了，学业稍忙，却仍会抽出闲暇片刻，静观爷俩忙碌。那一天，适逢三爷与表舅在点蜡——三爷微躬着腰，低俯着身子，混浊的眸中恰似闪着明媚的光，掠过平帖在木板上的布料，想着如何经营他的一方世界。倏尔，三爷拈起锃亮的铜刀，轻蘸陶瓷碗里的蜂蜡，涂绘于布料。只见一滴浓醇的蜡汁缓缓渗进纤维，延及、伸展，像细密却旺盛的藤枝四处生长。我微闭双眸，能感受到迸溅的气味分子的撞击，无法挡住，却很温柔地滑入我的鼻腔，袭来一片湿润。"生命，它有生命。"这便是我脑海中最直观的感受。

而表舅的一切总难让三爷满意——浸染不透彻，熔蜡不合火候，上色不够纯正，裂纹总不均匀……那个年轻人终抵不住过分的苛责与挑剔，在一个宁静而又热烈的傍晚，将父亲传予的牛角狠命摔下，抱怨为何不能像哥哥们那样到城里打工，为何要重蹈这一眼便可望穿的人生。三爷怔住了，苍老的脸庞轻仰着，望着西方的晚霞，喃喃道，我不拦你。那时，空气很静，风很轻。我望着这一老一少，着实是那么不同，可眉宇间又是那么相像，这或许就是生命中、血液里蒂固的东西吧。

我以为表舅会背起行囊，去追逐他年少时的梦想，可却在晾挂的蜡染布前捕到了他的身影。我静望着他，发现他明亮的双眸中分明盛满了蓝白相间的纹理，顺着他的目光，那是一幅以敦煌壁画为题材的蜡染创作——安详佛祖、锦襕袈裟、捻动佛珠、迷幻光圈，无一不被蜡染的肌理、冰纹印染得酣畅淋漓。线条柔韧的调和，色彩搭配的和谐以及敦煌壁画独有的岁月质感皆归功于浸染、脱脂、点蜡、发酵、染色一系列烦冗的技艺，不允许有丝毫松散，才有幸觅得一丝禅意。“真美。”他说。他醉了，恰似饮了一壶琼浆。三爷说表舅悟得了，我不明白；三爷说表舅的心落下来了，我仍然不太懂。三爷笑着，不再说话。后来也不知道那牛角被谁补好了，静静放在石板上，好像在等待着某个盛大的仪式。

再后来，我要到城里读中学了。仍记得那个傍晚，我站在院子那头，回望着……迟暮，如巨大的画布，其上用极简的几笔勾勒出父与子的身影，忙碌劳作，若叠若合。我深知，在那两个手艺人的手中经营着，承递着，不息着的，不仅是蜡染布，也不仅是种格局与百态，更是一种极其细腻的东西——始于蜡染，源于手艺，名为乡情。

（本文作者为湘潭大学法学院·知识产权学院2020级本科生）

金孔雀

周赐雨

绵延起伏的群山之间，一条小小的河流将两侧的峻岭隔开，晨光照进山谷，在袅袅炊烟之中升腾出温暖。

“外公，我们快一点！快一点！要不然我要迟到啦！”小女孩清脆如黄鹂的嗓音打破了山谷的寂静，回声隐隐。只见女孩一身黄色的裙子，脚下崭新的蓝色皮鞋在凹凸不平的碎石路上轻盈地跳跃，回身冲着后面的外公急促挥手，脸上满是对上学的期待和激动。

“哎呀……呼，着啥急嘛……早着呢，不会迟到的。”外公背着可爱的小书包，脚步尚算灵活，无奈地笑着紧跟上小女孩的步伐。

“不早了不早了，今天是第一天，要发新书见新老师还有新……”

“哟，这是哪家的小姑娘儿这么乖哟。”一道沧桑沙哑的老者声音打断了小女孩的话。老人坐在门前高高的石墩子上，手里捏着长烟杆，伸手拦住小女孩。

“嘿嘿，叔公，是我！看我的新裙子和新鞋，漂亮吧！我今天要上二年级了！”小女孩骄傲地扬起小下巴，稚嫩的脸上天真可爱的笑容让雾气都带了甜甜的味道，逗得老人大笑出声。

“哈哈哈，好臭美哟。来，你前几天学的那个《金孔雀》给叔公唱一个。”老人绷着脸时透着的严肃阴郁迅速龟裂，反倒显得憨厚和蔼起来，兴致一起，面色也红润起来。

“叔公，今天不行，太晚了，就先不唱了嘛。”小女孩讨好地笑，大大的眼里闪烁着狡黠的光。

“那不行，你不唱的话，二天（以后）就不准从我门口过了哈！”老人佯装凶狠地板起了脸，威胁吓唬小女孩。

“那好吧，唱就唱嘛。”小女孩被唬得皱了皱可爱的鼻子，只得怂怂地答应。

“咳咳……金孔雀，轻轻地跳，雪白的羽毛金光照，展翅……”

“叔公，后面的我不会了，以后再唱给你听啊！”如一只轻快的燕，小姑娘呼啸而过，挥手向老人告别，只余山间清亮的嗓音。

半晌，老人听着远处小女孩催促外公的碎语，脸上仍是盈盈的笑意。

对面的山上，一袭黄色在茂密的翠绿中若隐若现，老人坐在石墩子上若有所思。

“叔公，过几天我放暑假了，妈妈说让我去城里玩，我给你带好吃的回来哈。”小女孩长高了许多，头发梳成马尾，声音一如既往的清亮，笑容一如既往的明媚欢乐。

“哼！你去嘛，反正你一天到晚就知道出去跑，都不来陪会儿叔公。”老人手里拿着草茎，手指灵活翻飞，一边嘴上吃醋的念叨。

“哪有，我这不是来找你耍了嘛。哇，叔公你好厉害！”小女孩盯着老人手里逐渐成形的草编小兔子，不禁赞叹道。

“拿去，编好了。开玩笑，你叔公我的手艺当然厉害！”老人脸上骄傲的表情与小女孩如出一辙，如今的老人已不见早年间的阴郁气质，言行颇像个老顽童。

“那我给你唱《金孔雀》奖励你，我还学会了它的舞蹈，我跳给你看。”

小女孩从石墩子上坐起来，拎起红色的裙角，冲坐在门槛上的老人轻轻一欠。幼嫩的手指掐出孔雀的头和翎羽状，起舞间，婉转轻灵的歌声传出，“金孔雀，轻轻地跳……”

“哗哗哗。”

夏天的第一场大雨倾泻而下，直接灌满了河床，水位在一夜之间暴涨，淹没了河边的庄稼地，也淹没了唯一的过河石墩。

老人抚着女孩的头，而女孩哭得伤心抽噎：“叔公……呃……我想我妈了，我想我妈了，我想去找她啊……呃……”女孩连哭嗝都带着委屈，话语更是让老人心都揪着疼。

“乖，不哭，叔公给你想办法，肯定让你见到你妈妈哈。不哭了，乖……”

河流两岸聚集了越来越多的人，湍急的河流里，老人家的水牛艰难地渡河，将牛角上套着的粗绳索交到对面的村民手里。这头，老人将女孩抱进酿酒的宽大木盆，用绳索固定牢，轻声嘱咐：“不怕，你就好好地趴着，不要乱动，不要抬头看水里，很快就过去了，知道了吗?”

女孩惶恐地点点头，木盆下水，两头的人用力拉紧了绳索，缓缓将女孩运了过去，女孩始终乖乖听话一动不动。缓过神后，才向老人挥手，乳燕还林般朝着县城的方向而去。那天，过河的有七个孩子。

老人遥望河对岸，眼神坚定。

女孩一去一年未回。

时间从不等人。女孩逐渐挺拔，老人逐渐佝偻。

女孩依旧如从前开朗活泼，但见人多了几分羞涩。

老人拄着新做的拐棍，坐在高高的门槛上，久违地唤着女孩：“都长成大姑娘儿了，听你外公说，你去学了跳舞，给叔公跳个《金孔雀》噻。”不变的是眼里的慈爱，但面容已然多了疲倦和沧桑。

“我都好久没跳了，都忘了，就不跳了。那个，叔公，我还要坐车去城里，就先走了啊。”女孩有些不愿意在大庭广众之下展示自己，含糊着圆了过去，脚底抹油似的离开了。

“呵呵呵，小姑娘儿是大了，都晓得不好意思了。”老人闷声笑着，望着女孩的背影，笑声里徒增了寂寞和失落。

对面的山间，预制板铺设的小路如锦带缠绕在山间，让这幽深的山谷多了看见外面世界的希望。女孩跟着外公过了水泥筑的桥，踏上小路，不禁好奇问道：“外公，这桥和这路啥时候修的呀，修得还挺好。”

“去年子下了大雨，过河实在不方便，村委会组织大家凑钱修桥，但哪个愿意哦，家家都穷，都不想交。你叔公把存的棺材钱都拿出来了，这些人才勉强挤了点钱出来搭了这个桥。”

“原本那点钱搭个桥也不够，你叔公领了几个村里面的人帮忙，少出了些请工人的钱。他又把牛和猪卖了，去工地上买了这些预制板搭了这条路。他的脚就是在干活的时候摔的，现在都拄起了拐杖。我原先不想跟着干的，你叔公说，你们这些山里头的娃娃都是金孔雀，要给你们垫条路，你们都好飞出去。”外公平静地讲述，女孩安静地倾听，心里有些堵。向着身后的对山望去，一时有些无措。

“那……叔公的儿女呢？没见过他们来照顾叔公。”

外公奇怪地看了眼女孩：“你陪你叔公那么久，你不晓得你叔公没结过婚呀？哪里来的儿女哟，你叔公造孽（可怜），小小年纪就没了父母，一个人把妹妹带大，他妹妹出嫁后，他就一个人了。”

女孩内心酸胀，但终究什么也没说。

这一去，也就没有再见了。

女孩真的是大姑娘了，和爸爸妈妈一起回家过年。大山不再闭塞，柏油路从山后直通外公家的坝子，过河不再是必经之路。家家户户都不复往日颓败贫穷，皆是爆竹声声，阖家团圆，年夜饭后的家家烟火仿佛照亮了整个幽暗深沉的山谷。不远处，老人望着屋子上方的亮瓦明明灭灭说不出一句话。

正月初二的夜里，爆竹声骤然在凌晨两点响起，刺耳的唢呐声将新年的欢快气氛无情撕扯。女孩想要起身，被外婆按住肩拥回被窝，轻轻地拍打着女孩颤抖的后背。女孩将脸埋进外婆的怀里，泪水涟涟，止不住地抽泣。

女孩站在老人的坟前，烧尽了最后一把纸钱。拎着黄色的裙摆，手指掐出孔雀的头和翎羽状，启声轻唱：

“金孔雀，轻轻地跳，雪白的羽毛金光照。展翅开屏河边走，傣家的竹楼彩虹绕。小卜少，小卜少，跟着孔雀一起跳，阳光洒满小溪边，小朋友们拍手笑。”

再次从老人门前经过，石墩子依旧高高的，她已经很久没有坐过了；依旧是高高的门槛，却不再见老人的身影了。

“叔公……”悲戚呢喃间，我以泪水送别叔公孤独逝去的灵魂……

（本文作者为湘潭大学商学院2020级本科生）

别味水饺

黄丽娇

俗话说，有钱没钱，回家过年。在无数个岗位上，人们来自不同的地方，操着千差万别的家乡话，更有各不相同的风俗习惯，但有一样东西是他们共同的愿望——回家过年。但是由于疫情，他们没能和我一样听乡音，望家乡，见亲朋，尝乡味。早在这个春节之前，“就地过年”就引起了政府、企业、社会方方面面的关注。发红包，送补贴，送服务……大家各显其能，就是想让就地过年的人们在这个中国人最重要的节日里感受到温暖，享受到节日的欢乐。有人也将善良与祝福包在饺子里，将年味捏在饺子里，尽己所能给大家送去温暖。

“我的天啊！妈，你怎么包这么多饺子啊？今天不是除夕吗？你还要上工地那边去卖早餐吗？”

“卖什么早餐啊，大中午的早过时间了。”她看都不看我一眼，继续包她的饺子，不仔细看她的手还以为她带了双白色的手套。“工地上的叔叔阿姨们因为响应就地过年号召，没能回家过年，平时都是他们照顾我生意，今天到我照顾照顾他们了。这不包点饺子给他们送过去。”

“快过来跟我干活，赶工，快！”一声令下，我参与到了这场包饺子的忙碌中。

一个个饺子鱼贯入篮，再一个个地跌入锅中，不一会，屋内充满了饺子香。

“得嘞！收工！”她盛起最后一碗饺子，小心翼翼地打包好，放到袋子里。还真巧，正好是大家伙下班的时间。

“东西太多了，你跟我一起去。”为了记录这个暖心的时刻，我毫不犹豫地答应了她。

到了工地，碰巧叔叔阿姨们正拍打着身上的灰，洗洗手，正准备回去做饭。瞧见里面的情况，妈妈立刻停车，和我一同提着饺子上去。

“都正好下班啊，都没开始吃饭吧？都先别走，我带了点饺子过来，大家伙过来尝尝。”她用手招呼着他们，不让他们走。大伙一个个走了过来，“咋了王姐？怎么带这么多饺子来？”一个人扒拉开袋子，惊吓地问道。

“那不是平时大家都照顾我生意，今年情况特殊，你们都没有回去，我就包了点饺子给大家，就当作礼尚往来嘛。来来来，一人一盒，不够还有！”说罢她提着袋子，把一盒盒饺子分给大家。一个人拿着钱走向她，“王姐你做生意也不容易，我们怎么能白拿呢，这点钱收着。”她连连摆手，立刻推辞道“什么白拿不白拿，要不是你们，我的生意也做不下去，行了行了，你们吃吧，大家没有回去也怪难过的，我这些饺子就当作是安慰大家了。”

“那我们就不客气了，谢谢王姐!”“谢谢王姐!”大家一起说道。看着大家略微有些尘土的脸上幸福的笑容，她越发卖力地分发着这些饺子。或许是想让大家吃饭时多点其乐融融的氛围，她一边分着饺子，一边和他们唠起家常来，热火朝天的氛围也将她与他们迅速融到了一块。四周传来此起彼伏的爽朗笑声，我不知道为什么也情不自禁地笑了起来。

她和他们都是普通人，在生活里交往不多，可以说是萍水相逢，这样一盒普通的饺子和这样微不足道的善意，在这个春节肯定不止这一起。他们也绝对受得起这样的温暖与祝福。回家的路上看到街头那些一个个平凡的人弯腰捡一手垃圾，帮忙贴一副春联，顺手帮忙别人推一下卡在洼地里的车轮……在春节期间，既为大家提供帮助，也给大家送去了一份温暖，每一个用善意传递温暖的平凡人都是英雄。

一盒饺子，一声问候，一个祝福……这些来自像她一样的普通人的温暖也会成为他们这些在外奔波的人前行的力量。赠人玫瑰，手有余香，愿像她这样传递温暖的人和被温暖包围的人都能在新的一年里牛气冲天。

（本文作者为湘潭大学马克思主义学院2020级本科生）

核　桃

张树敏

作为一颗核桃，我有极高的营养价值。所以我的一生简单，结局也不过是被吞吃入腹。

于是，在包裹着我的青皮刚刚被剥落，我从黑暗中苏醒，惊叹于第一抹阳光的明媚时，我的心情便不可抑制地低落了起来。

为什么我的生命不能更有意义一些呢？我蜷缩在货箱的角落，在山路中颠颠簸簸，有些难过地想。

货箱中似乎比从前我的居所更加暗无天日，我与同伴们在颠簸中相互推挤、碰撞，有些疼。但有的核桃似乎并不在意这点疼痛，它们兴奋地叽叽喳喳，对未来充满了期待。我很难在这嘈杂声中入睡，但它们的欢欣喜悦又感染不了我，我只能叹口气，把自己藏得更深。可能我生来就不是一颗乐观的小核桃吧。

路途漫漫，我终于昏昏沉沉地睡去。再度醒来时，我已经身处一只柔软的手掌中了。

我在蒙眬中睁眼，却又重新被轻轻放回到同伴身边。我听到一个好听的女声温柔地发问："请问核桃多少钱一斤？"我循声望去，入目是一位妇人。天色稍暗，她面容沉静，嘴角轻弯，我无法形容她，只觉一时间我的眼中容不下这繁华都市、七彩霓虹，只容得下她一人而已。

我原本沉寂的心躁动起来，我是渴望被她带回家的，我想。

许是上天怜我，虽然我被放了回去，但最后她带回家的那些核桃中，仍然有我。我跟着她，走过迷蒙的夜色，然后走进一个有着温暖灯光的居所。

我看着她拿出一个白色的精致瓷盘，和一个形状可怖的夹子，然后开始拿起我身边的同伴放到夹子里，一个个剥开，再把它们摆在盘中。

我被吓到了，那些粉身碎骨的核桃的痛苦呻吟不绝于耳，我瑟瑟发抖，有些绝望。我是喜欢她的，我想，可是我的生命难道就要这么结束了吗？

然而，她的动作被开门声暂停了，一个面容姣好，与她有八分相似的女孩走了进来，"妈妈，我回来了。"她起身迎了上去，"宝贝回来啦，吃点核桃吧，我刚剥好的。"我可以清晰地看到女孩脸上的笑意在渐渐消失，取而代之的是些许不耐烦，但她最后叹了口气，坐了下来，随手抓起一颗核桃仁放进嘴里，"妈妈，我都说了很多次了，我不喜欢吃核桃，你下次别买了。"

"那怎么行，你不能只吃你想吃的，你要吃你身体需要的。你现在在长身体，学习任务又那么重，核桃很有营养，你应该……"

"我都说了我不想吃，你别逼着我吃不行吗？"女孩终于打断了她，不耐烦地大声道："你高中给我剥了那么多核桃我都没吃几个，最后还不是放了一年多全带回家了，都坏了，浪不浪费啊？我现在都大学了你还给我剥，我想吃我不会自己买吗？你别剥了，剥了你自己吃。”说完起身离去。

一时间，周遭寂静非常，仿佛连针落地的声音都清晰可闻。我小心翼翼地抬眼，看见那个妇人脸上写满了失落。她就那样坐着，直挺挺的，手中还握着那个夹子。这姿态是极端庄的，可是我却感觉她挺直的脊背上有看不见的重物，把她压垮了。

她一直坐着，直到一个男人回家。他应该是这个家的男主人，看到他回来，妇人轻轻地说了句，“回来了。”男人应了声，随后问道：“怎么了？溪溪回来了吗？”

她只是叹气。男人在她旁边坐下，看见桌上的我们，好像明白了什么。

“她不想吃你就别剥了，弄得你们俩都不开心。”

“我实在不知道该怎么办了。她长大了，我也不能时刻都把她带在身边。可是她在外面上大学，离家太远了，虽然平时不缺吃穿，可是我照顾不上她，总担心她营养跟不上。她又懒，不给她弄好了她自己也经常忘了吃。别的东西都不好保存，明天她又去上学了，我想剥点核桃让她带着。我也不想惹她烦，可是我不知道还能怎么疼她了……”

女人无奈的倾诉和男人耐心的安慰在我耳边渐渐消失。我再度端详她，不只是看到了她的美，更看到了她眼尾的皱纹，她鬓角的白发。

我好像突然不怕了，不怕在那个恐怖的夹子中粉身碎骨，也不怕就这样悄然逝去。

夜深了，我和其他同伴一起躺在桌子上，正当我昏昏欲睡时，一双手抱起了我们，我惊醒了，定睛一看，是那个女孩。她轻手轻脚地把我们带进她的房间，然后我们就被放进装着一堆衣物的箱子里。周身温暖，这暖意和我的困意一起向我袭来，我很快就进入了梦乡。

后来，我是被轻微的震动和略显嘈杂的声音叫醒的，我睁开眼，四周一片黑暗。随后我听到了女孩的声音，“我走了，等我到了学校给你们发消息。核桃我也带走了。”然后是那个妇人略带哽咽的声音，“路上注意安全。”

我还是身处黑暗之中的，像我在货箱中一样。可是我却不怕了，因为我好像对自己有了新的理解。

现在我可以骄傲地说，我是一颗核桃，生而平凡，却意义重大。

因为我不仅代表了营养，我更代表了爱、温暖和催人前行的力量。

（本文作者为湘潭大学外国语学院2019级本科生）

家　书

杨涵瑞

（这篇文章是我以我妈妈的视角写给我自己的。既为了体会妈妈的辛苦，也为了激励自己前行）

亲爱的瑞宝：

成年快乐！

认识你已经18年2个月10天了。加上在我肚子里的10个月，已经19年了。早就想正式给你写一封信，却不知如何下笔。

我很无措。

从我第一天知道你的存在开始，我就陷入了一种纠结中。面对未知的一切，我既期待又害怕。是男是女？是否健康？我都不知道。笼罩着这种隐秘的未知与期待，你出生了。

我期待你勤劳节俭、善良大方、乐于助人、细致认真、有责任心、有同情心、宽宏大度、爱憎分明、坦诚直爽、坚韧不屈、懂得报恩，我愿相信世间一切美好的品质都出现在你的身上。

我期待你成为一个正直的老师，教书育人，桃李满天下。或者成为一个专业的棋士，运筹帷幄，驰骋棋盘。又或者是一个洒脱的大侠，路见不平，拔刀相助。

我期待你成绩优异，考上理想的大学，找到理想的工作，寻得理想的男友，然后一生健康快乐、平安顺遂。

可是你不会按照我所期望的轨迹去成长的，因为你的成长不会只有我的参与。你会有你的老师、同学、朋友；你会学习知识，去经历、去探索这个世界，形成自己的人生观、价值观、世界观。我不能控制，也控制不了。我必须接受我历经艰险才把你带到这个世界上来，却注定只能成为你人生的一小部分的这个事实。妈妈很不甘心啊！你能明白吗？

当然孩子，爸爸妈妈爱你，但你不是世界的中心，正如我们赖以生存的地球并不是宇宙的中心一样。爸爸妈妈围着你转，姥姥姥爷也围着你转，但并不是世界上所有的人都会围着你转。总有一天你会发现，你的小脾气不会有人去纵容，你的叛逆和任性不会有人去忍受，你不再受关注，不再是焦点，甚至被忽视，被冷落，你做好准备了吗？准备好迈入社会了吗？

瑞宝，我要向你道歉。妈妈是个平凡人，我的能力和智慧是有限的。在我照顾和教育你的过程中，肯定犯了不少的错误。我的精力也是有限的，在我很累很烦的时候，我忽视了你可能也受了委屈需要人安慰。我还有脾气，在我受了气的时候，可能把一部分的气撒给了你。我有时还很死板、很固执，在坚持认为我是正确的同时，伤了你的自尊心。瑞宝，请你原谅我，好吗？

你的成长，妈妈既期待又害怕。你就像抓在手里的风筝，忽远忽近。妈妈还深深地记得你第一天上幼儿园时的情景。你没有像其他小孩儿一样哭闹着不肯去，但你的难过和不舍妈妈能深刻地感觉到。你向来是个内敛的孩子，但你的感情是丰富的。后来的小学、初中、高中、大学，妈妈眼睁睁看着你离妈妈越来越远，也越来越强大。这是成长所要必须付出的代价，强者总是孤独的，正如赫伯特所言，“在我们了解什么是生命之前，我们已将它消磨了一半。”妈妈唯愿你独立坚强，做真正的自己，做真正想成为的你自己。

孩子，在这个世界上爱自己是第一重要的事。爱自己，就是在内心深处完全地认清自己，然后接受自己。不刻意炫耀和张扬自己的长处，也不刻意地遮盖和掩饰自己的短处。既不妒忌别人有什么，也不怨恨自己没有什么。当你接受和重视别人时，你也自然而然地被别人接受和重视。当你完全接纳自己时，你也能够接受世界是不够完美的，世间总有虚伪和丑恶的存在。因为人的一生就是一个不断接受自己与不断完善自己的过程。只有完全接受了自己，自身才能够不断地完善和提高。完全接受自己的人心里才会踏实，才会有信心，知道自己的价值，懂得爱惜自己和保护自己，也能做到体谅别人、关心别人和宽恕别人。

罗曼·罗兰有言，“世界上只有一种真正的英雄主义，那就是在认清生活的真相后依然热爱生活。”这句话妈妈送给你，也送给我自己。

祝：

身体健康！学业进步！

文　沁

2021 年 2 月 21 日

（本文作者为湘潭大学化学学院 2020 级本科生）

家 乡 篇

桑田沧海，故园似锦

你有多久没回家乡了？你还能熟练地说上几句家乡话吗？在外求学的孩子离开熟悉的家乡，远赴千里外求学，只为心中理想，他们对家乡又想说些什么呢？让我们一起来听听本篇20个“我和我的家乡”的故事。“手抓黄土我不放，紧紧贴在心窝上”这是电影《我和我的家乡》中令人印象深刻的台词，无论我们的船只最终将驶向何处，家乡永远是不会消失的港湾，随时等候我们返航。

解密泰安城

韩　雪

上了大学，周围都是来自五湖四海的朋友。每次讲起我的家乡——泰安，很多人会一片茫然，我便要解释道，就是“五岳之首”泰山的所在地。他们便惊讶道：“原来你来自泰山！”

泰山，是每一个泰安人独特的标识，是每个泰安人心中的自豪之源。到外地去的人讲到泰安，便要滔滔不绝地讲起泰山，讲起泰山的山、水、神祇、庙宇，还有一个个口口相传充满神秘的民间传说。极力想要把听的人带入山中的意境里。

泰山的名号很响，先后有十三代帝王亲登泰山封禅或祭祀，被古今无数大家称颂。爬过泰山的人很多，爬上山顶后，对泰山不知道怎么说才好，只好发出一连串的感叹：“高矣！极矣！大矣！特矣！壮矣！赫矣！惑矣！”便挥袖匆匆离去，不带走一片云彩。问起，对泰安这座城，有什么看法？反而收起激越的心情缄默了！

人们说不出？错了！错了！

这谜一般的沉默的泰安城，为何不去辩解？

泰山是泰安城的山，如庞然大物静静伫立北方，其余脉从西边一直蜿蜒到东边的层层的云雾里去，日出日落之景如梦亦如幻。

要怎样给你讲述呢？经过6个小时的攀爬终于接近山顶，天已蒙蒙黑了，你站在南天门或者玉皇顶的平台上，极目远眺——风吹过松林的碧浪波海，绿色波涛中夹杂的一大片极其规整的“碎碎星空”——这是泰山视角下的泰安城，小城是喧哗的，此时此刻又是极安静、极温柔地卧在山的怀里、夜的怀里。此刻此情，小城里长大的人那一刻内心满溢的感动，不是见过、来过的游人兴致勃勃的一望，相机“咔咔”不停的快门声就可以表达的。

要介绍自己的家乡，我不要讲述书里有的，文人名家们极力赞颂过的泰山的壮美，我更想讲一讲每年的农历三月十五泰山老奶奶生日那天庙里的热闹和缭绕的浓郁的烧香烟气。礼拜的人接踵而来，庙宇的出入口被挤得水泄不通。很多老人从泰安周边的农村赶来，拖着年迈的身体爬上层层山阶，只为在肃穆的巨大佛像前虔诚地默默祷告。我还想讲一讲每天在泰山6293级台阶上跋涉的挑山工，过南天门，入中天门，用老式的扁担挑着沉重的货物走在陡峭的台阶上，一步步好似要走到天上去；我也想讲一讲山上的生意人卖的泰安特产煎饼，黄色的薄薄的饼要卷着葱苗吃，这时再来点甜面酱，抹匀了，一起卷起来，味道便绝了。我要讲内蕴之泰山、精神之泰山，而非眼之所识者表面之泰山、感性之泰山。

要介绍自己的家乡，如果我不讲泰山，仿佛这历史文化名城、这旅游城市只是因为泰山，而别的景观都是些平平庸庸、可有可无的小点缀似的。

去外地游玩要讲个运气，有这样一座城，它是值得你跋山涉水反复到访的，泰安就是。几年前，甚至十几年前来过的人会发现，这座安静的小城已经准备了足够多的惊喜来热情地欢迎你，使你眼前一亮，让小瞧了它的人们都忍不住呼出一声声赞叹！

历史文化名城泰安是担得其名的。来到这里不仅是在看一幅画卷，更像是在翻动一卷历史稿本，中国历史的影子仿佛就在眼前飘忽而过。

首先就来说说小孩子最喜欢的庙会。一年有两次，一次是大年初一、初二的庙会，另一次是东岳庙庙会。两个庙会都在岱庙举行，岱庙即历代帝王举行封禅大典和祭拜泰山神的地方。庙内古建筑保存数量颇丰且完整，站在黑砖高墙边上总能感受到一种威慑力和不容亵渎的庄严。若是从威武的正阳门门墙进入，还未到唐槐园、汉柏院，还未见到赑屃驼着的历代修筑的高耸的碑林，便会不自觉抬头挺胸整理仪容。透过一石一木都仿佛看到了无数古人停留的影子，不禁心生敬畏。

大年初一、初二的庙会是喜庆欢乐的。春节期间，人们都从忙碌中抽出了身，也就有了共同的去处，连岱庙前400米长的笔直宽阔的马路上都拥挤非常。庙内，新春的布置为岱庙增添了许多的喜气，路边卖各种新奇玩意儿和小吃的摊位排得紧紧密密。清香糯口的驴打滚，扑通扑通地滚下来，马上穿上崭新的白芝麻外衣，十分可爱。酸酸甜甜的糖葫芦又大又圆，通透的糖衣把红色的山楂映得更娇羞。还有各种其他小吃，光是看颜色便能引得小孩子垂涎三尺，扯着爸妈的手，眼睛直勾勾地盯着吃食，可一会又被各式的氢气球，会叫会扑棱着翅膀的木鸟给吸引走了。一路上经过各大殿，会遇铁链围起的水池，水池中央有只小小的铜制乌龟，寓意吉祥好运，会有人扔些钱币祈福，这可激发了孩童的胜负欲，这本就是孩童最为拿手的。孩子们不懂什么神佛，可是总要凑凑热闹。天贶殿前的树石，也要学着大人的模样，把手放在上面，围着转动一圈；某个神殿前，虽不上香，也要一本正经地跪在蒲团上，庄重地拜上两拜。大人们也能从庙会中获得乐趣，碑林右侧的院内场地开阔，每年都有唱戏的，独具魅力的民间曲艺使大人拉着孩子迫不及待地赶过去。

春节期间，人们都在家中与家人团聚，此时的岱庙庙会便是泰安人独享的盛宴了。但外地的游客，也不必遗憾，东岳庙庙会也能带给你巨大的满足。泰山东岳庙庙会滥觞于唐，定制于宋，鼎盛于明清，在民国期间曾一度衰落，直至改革开放以后才又逐渐兴盛起来，是国家级非物质文化遗产。从极富特色的民间曲艺到惊心动魄的游艺竞技，从多姿多彩的民间工艺到新颖时尚的旅游商品，从祈福纳祥的拜山仪式到古代帝王的封禅大典，应有尽有，游客置身其中，宛如进入了民俗文化的大观园。从四月初开始，整个庙会将持续一个多月的时间，可见场面之盛。可也因为时间的关系，作为本地人的我竟也遗憾缺席这一盛景，只好在脑海中想象那盛况了。

若到桂林，你不得不去看一场《印象・刘三姐》，这也是桂林山水的一部分。若去凤凰古城，《烟雨凤凰》的剧场演出也不可错过。到了泰安，一定要去欣赏一场极具情感张力和爆发力的《中华泰山・封禅大典》实景演出。穿越金戈铁马的秦、儒风雅乐的汉、盛唐气息的唐、艺术王朝的宋、康乾盛世的清，在短短

70分钟之内穿越中华五千年的历史时空。

历史的足迹在这里停留又岂止是短短的五千年。从大汶口遗址的碑碣上，从博物馆的薄胎黑陶和夹砂红陶、灰陶、彩陶上，弦纹、划纹、乳丁纹、绳索纹、附加堆纹、锥刺纹及指甲纹等古老的符号仿佛神秘的禁语，诉说着不为人知的故事。这些神秘的符号，不是每个人都可以欣赏得来的，但泰安城就存在这样一种力量，再精深奥妙的美和知识都是所有人可共享的，不论年龄和出身。

太阳部落特大型主题公园应运而生，以大汶口文化为主线，以情景体验的形式，将史前文化和游乐项目有机融合，使远古文明的场景在游客面前真实展现。旅游区分为时光穿越、梦回大汶口、洪荒探秘、洪荒历险、情定大汶口、金乌古镇六大版块，由时空隧道、文明之光、远古大战、地心历险、盘古狂叫、女娲补天、共工的愤怒、山洪暴发、洪荒漂流、高空斗牛、狩猎归来、水龙王等四十余个主题项目组成。原始粗犷的环境设计，逼真有趣的情景设定带你领略先民的传奇生活。

泰安安静地卧在泰山的怀里，等待着你。如果你来，这座城会热烈地拥抱你，如同久久未见的相知相惜的老友。

如果你来，我会带你游遍每一个泰安城的小巷，到泰山的无极庙下取山泉水，泉水甘甜酣畅，你一定能饮个痛快，再用这甘甜的泉水做一道泰山三美汤。

如果你来，我会带你去各处的老房子中寻觅门墙上的辟邪符——泰山石敢当，再在周围找个石墩坐下来，给你讲石敢当降妖除魔造福一方百姓的传奇故事。你若要离开，不赠你美食，不赠你批量生产的小玩意儿，就送你雕刻着“泰山石敢当”的泰山石吧，祛除厄运妖魔，保佑平安。

如果你来，我会带你去看泰山石。每个奇形怪状或小或大的石头，都仿佛有生命的。灰白、灰绿、浅红、黛青等颜色的石面上，交织着千姿百态的白色纹理，或凸或凹，构成高山流水、古木枯枝、飞禽走兽等图案，有的图案或逼真，或像国画艺术大写意，简笔勾勒，余味无穷。我想你一定会欢喜的，一定会惊讶于这自然无上的馈赠。

这就是泰安城，一座伫立千年的文明小城。这就是泰安城，谜一般存在的城！

你看得见也好，看不见也好，它只管生命进化，万物竞生，只管沉默着，总有一天要惊天动地地爆发！

（本文作者为湘潭大学碧泉书院·哲学与历史文化学院2018级本科生）

一碟小菜，一杯小酒，一缕乡音

田梦圆

流年如丝，波澜不惊，悄无声息而过。打马而过的光阴里，指尖的岁月盈动着一缕馨香，慢慢地揭开时间的面纱。一些事，一些人，一些情，有些已经淡忘，有些已经很模糊，但有些是挥不去的情结。有些是为了纪念而忘却，有些则是为了忘却而纪念。

爷爷是个老农民，他的一生过得十分的平凡，没有大起大落，没有轰轰烈烈，唯一有的或许是几十年来饭桌上不变的那一碟小菜和一杯老酒。

爷爷爱喝酒，但从来都不会多喝，爷爷是个很有原则的人，几十年来的习惯从未有过任何改变。

在我的记忆里，爷爷一直是一个慈眉善目的老头。我的童年是在爷爷身边度过的，在我的家乡没有好吃的江南小吃，也没有诱人的四川豆腐。那个时候，唯一吸引小孩子的或许只有冰糖葫芦了，每一次爷爷上街卖完菜都会给我买上一串糖葫芦。卖糖葫芦的阿姨和爷爷认识，每次都说要给我们便宜那么几毛钱，但每一次爷爷都会拒绝，爷爷说："你们赚钱也不容易，就按照规定的来。"爷爷就是这样一个人，他坚持的就会一直那么坚持着。爷爷买东西是一点儿便宜都不愿意占，但是当他转换角色，变成卖东西的那个人以后，却是一点儿亏都不愿意让别人吃。爷爷常对我说："吃亏是福，大家都很不易，我们吃了亏，别人就会少吃一点亏，况且我们也没有损失什么东西。"

每到吃饭时，那一碟小菜和那一杯小酒，一定会出现在爷爷的饭桌前，哪怕是过节、过年的时候。一家人都在饭桌上吃饺子、吃肉的时候，爷爷也一定会品着那杯小酒，吃着那一碟小菜。我一直很疑惑，为什么爷爷对这两样东西那么执着？小时候的我一直以为那一定是什么珍馐佳肴。可当我自己真正吃到的时候，"爷爷，这东西并不好吃啊！你咋还一直都吃呢？"

爷爷只是笑了笑，没有回答我。

后来，爷爷不见了，我再也见不到他了。

家乡还有田垄，村头还有那条小溪，抬起头还能看见天空，但是苍穹之下，我的爷爷永远地合上了他的双眼。

大人们在整理爷爷遗物的时候，我才发现，这些年来，爷爷不光对那碟小菜和那杯小酒执着着，更是对他身边的每一件物品都那么执着，他的衣物这些年来翻来覆去就那么几件，衣服上都有着大大小小的补丁，他穿的鞋子也一直都是奶奶为他缝制的布鞋。

爷爷的一生是如此的清贫，他一直以来都坚持着自己的原则。或许爷爷的一生是大部分农民的一生，或许平凡，或许简单，或许清苦，但是绝不渺小。

爷爷教会了我很多，如今再去品尝那一碟小菜，再也不是乏味难吃，有的只是温暖、怀念和坚守。

爷爷曾对我说，他很喜欢这片养育了自己的土地。我亦然，我爱着这片在童年时期有爷爷陪伴着我的土地。但长大以后，我却开始渐渐地远离了这片养育着我的土地。

就如董卿说的，“我们慢慢长大，有时候是从告别故乡开始的，哪怕我们自己有很多的不情愿。”离开故乡，意味着无论未来有多苦，都要一个人扛。生病了，一个人去看医生；一个人工作加班到深夜；一个人学习。那些以前有人陪伴去做的事，可能都要一个人去完成了。也许我们会在他乡遇到新的伙伴，会渐渐习惯并且融入新的环境，但是，真正的成长，还是从告别故乡的那一刻开始的。因为，从那一刻开始，你要面对的，是一个全新的世界，那里没有人会像父母那样给你无微不至的关心，也没有人一直无尽地包容着你。在那里，你会看到更多的人情世故，这些，无一不在教会你长大。

伏尔泰曾说过，“对于亚当而言，天堂是他的家；然而对于亚当的后裔而言，家是他们的天堂。”告别故乡的那一刻，身为“游子”的我，开始学会如何长大，但告别故乡的那一刻，我更开始明白自己要如何保存内心珍贵的温情，如何成为一个善良的人。

故乡是一片云、一朵花、一弯清流、一棵芳草，更是我梦想开始的地方。我的那一缕乡音，教会了我善良，让我感受到了每一个“游子”心底源自家乡的那一抹温暖，时刻提醒着我自己是一个多么幸福的人！

那一缕乡音是春天的小树林，是吹过树梢的风，风儿温暖地贴着树林的面颊，诉说旧日的欢声笑语；那一缕乡音是草原村落的炊烟，虽已随风飘远，但却散遍了人间。

那一缕乡音背后是每天都会上演的“柴米油盐”，每天都会露面的“欢声笑颜”，每天按时陪伴的“甜蜜缠绵”，这些都是我此生最美的回忆。

我好像看见，儿时隔壁的那只小猫，还有每天都会和爷爷在屋顶上看到的满天的星星，正在注视着我，注视着我此刻的尽情欢笑和溢满心底的温柔。

有些人已经不在，有些地方也已经不能常去，但是那份情，那份记忆怎么也不会褪色。

那一缕乡音，氤氲了我最美好的时光；而那一碟小菜，那一杯小酒，让这时光有了温度。

月儿明，风儿轻，可是你在敲打我的窗棂？你别担心，没有了你，我正努力地让自己过得还可以。

（本文作者为湘潭大学商学院2019级本科生）

一生痴绝处，无梦是扬州

余　洁

睽违三载有余，重新执笔，别有一番心绪。然而凌乱在风中，竟不知从何说起。

霜降已至，寒风骤冷。江南远去，草木未凋。八月之后，一路向南。驻于潇湘幽深之处，竟是一别之后，两地相思。

“过往君子，且驻，听吾言——”，这一声软语清唱惊破了小雨潇潇、雾气蒙蒙的拂晓，也拨开了我回忆故乡的思绪。

回忆我扬城今日风景，是否依旧娟秀如往昔？何园中何家公子的书房，玉书煨里的茶草屑是否还暗香浮动？个园中庭的翠竹老树在月光下的投影是否依旧如同水中荇菜错杂交横？宋夹城中的钟鸣鼎食之家，诗书簪缨之族的厚重朱门是否依旧斑驳？

宋夹城的城门古朴而又庄重，沉稳又不失大气。望去高墙黑瓦，看似朴拙，实则那一道道勾缝的墙面，特质的砖石，如镜光滑。而那朱门外、屋檐下的花园里象征春意盎然的石笋，夏意活泛的松鹤亭，秋意深重的黄山石，冬意凛然的宣石，也默默诉说着生命的周而复始，循回往复。这一草一木的细节之精致像极了整个广陵风光的秀气。

少年时候不懂“月是故乡明”，现在才发现没有什么地方的月亮有二十四桥中的那个月亮的倒影明亮；没有什么地方的夜色能有五亭桥旁玉人所吹洞箫，尽管呜咽，却依旧摄人心魂；没有什么地方的乐声有我扬城清朝私家园林中水中戏台上咿咿呀呀的水袖，音调婉转闻得千丝在心头绕。

游子远去，故乡也应似我，辗转难眠。“念桥边红药，年年知为谁生。”回家之日尚有三月之久。应是明年惊蛰，阴雨绵绵。那达达的马蹄似从广陵而来，问来自故乡的路人，“来日绮窗前，寒梅著花未。”

江南梅子黄时雨，带着水气的清晨，遥听深巷卖花声，声声销魂。再去富春茶社买几两汤包，在那竹藤椅上摇晃着未醒的梦，烟斗里袅袅升起的是悠闲。也可听梧桐细雨，瑟瑟其叶。湖心亭中，有老妪一二绣着江南刺绣；或有小童一二逗弄笼中鸟儿；更有挺拔的青年于石桌前临摹欧阳询的《九成宫醴泉铭》；亦有老翁在雕琢着扇柄。

耳畔似乎又传来阵阵广陵琴音，上手古琴，一抹一挑，一勾一剔，或松沉旷远，或天籁清冷，或细微悠长，悠悠不已，变化无方。所谓大音希声，所谓至乐无乐，造就了广陵的底蕴，也串起了广陵的古今。

广陵美景以素色静谧为主。那亭台楼阁里的一草一木，大概也只有广陵的慢和细致，才能包容下精工的匠心。“淮左名都，竹西佳处”一曲《扬州慢·淮左名都》在悠悠护城河上飘荡。这便是广陵风景，看去简单平凡，但它的精致，它的底蕴，却润物细无声。

在江南听曲儿也是风流的。一台折子戏，便是一个春秋。《红楼梦》中贾母也说听曲儿要铺排在藕香榭的水亭子上，隔着水音儿更加玲珑剔透。果然在风清气爽之时，箫管悠扬，笙笛并发，穿林渡水而来，更有另一番韵味。任你世界如何喧嚣嘈杂，亭中杜丽娘水袖一扫，一开脸，一云手，一卧鱼，自是浅斟低唱——“过往君子，且住，听我言——”现在想我的烟花三月古扬州，竟是神往不已。

想我来年归时，应有薄薄春雪，数朵红梅。想我来年归时，应有绵绵春雨，光洁琼花。想我来年归时，应有友人，披着蓑笠，背手立于码头。有绿蚁新醅酒，红泥小火炉，而他，笑着问我，“阿珩，晚来天欲雪，能饮一杯无？”

（本文作者为湘潭大学商学院2015级本科生，现为北京字节跳动科技有限公司产品经理）

好好的房子给鱼住

张思颖

临近年关，我一个人在家待着无趣，便去爷爷家帮忙准备年货。一进门就见爷爷握着电话，笑得眼睛都眯成了一条缝，操着一口方言和电话那头唠着家常。爷爷有些耳背，所以对方说话的声音很大，我在边上收拾茶几都能清晰听得出这是老家的亲戚打来的。快过年了是该互相问候问候，我心里正想着，突然听到了爸爸的名字，

“孩子们都好吧？明学最近怎么样啊？”

“咦，别提了，他家最忙了。”爷爷虽然还是笑着，但语气却有点心疼，“明学三天两头地住户。”

“住户？”对方显然对这个词语有些陌生。

“就是夜里不回家，住在老百姓家里。”

“噢。”

“他媳妇驻村，有时候一个月也回不来一次。”爷爷接着说。

“咦，两口子都不在家？”

“都不在，还有一个小闺女在外地上大学，也不在家，一家三口人，在三个地方。”

“咦，那他家里呢？谁住啊？”

“鱼住！”

“哈哈哈哈哈……好好的房子给鱼住。”

两个老人一同笑起来，我在旁边也跟着笑，有些心酸。可不是嘛，我家有五条鱼，四条锦鲤和一条黑乎乎的清道夫。平日里它们不用开会，不用住户，不用驻村，也不用像我这个小闺女一样在外求学，所以它们其实才是我家的常住人口。它们每天吃饭睡觉，游来游去，看起来日子过得舒适自在。然而，它们的日子并没有多好过，因为主人工作很忙，常常开会出差，无法及时充氧和投食的事情时常发生。即便是皮实的锦鲤也有几条受不住而陆续“撒手鱼寰”了，剩下的这五条鱼儿一直和平相处，从不打架，估计是彼此心里都明白能活到现在的各位，一定都是身强体壮的狠角色。又或者是它们见多了这家人的分别，所以学会了珍惜。

想起妈妈轮休结束的那天，我和爸爸驱车送她回村，离开的时候爸爸还安慰她“坚强点，没事儿，好好工作，明年见！”她挤出一点笑容，也不说话只是站在风中看着我们上车，后视镜里她的身影慢慢变小，也许是风沙迷人眼吧，我分明看见她伸出手揉了揉眼睛。那天是大年二十九，她手里还攥着我给她新买的唇膏。

大年初一早晨，家里只有我和爸爸两个人，电视机里热热闹闹地演着小品，我和爸爸两个人，还有 5 条鱼一起安静地吃着早饭，不时瞅一眼小品。看到小品《站台》的最后一幕，“你们还有3分钟，但是我和我媳妇就剩1分钟了。”列车即将开动，两口子在拥挤的人群中互相呼唤着“老公”“老婆”，互相致以新春祝福。我的鼻子突然很酸，而在我的余光里，那位像山一样坚强的我的父亲，他默默地、缓缓地、静静地落泪了。

我没有说话，转过头去看鱼，看看那些傻乎乎的鱼是不是也和我们一样会想念这个家的女主人。

我不知道那个在遥远的吉也克村驻村的美丽的、坚强的、能干的我家的女主人，昨天晚上是怎么度过的，在这个万家灯火，热闹团圆的夜晚是不是也尝尽了“独在异乡为异客，每逢佳节倍思亲”的滋味。我更不知道那些我不在家的日子里，父亲又有多少个这样的时刻。忙碌工作了一天，回到家里，没有等待他吃饭的妻儿，只有五条嗷嗷待哺的鱼，他急急忙忙地喂了鱼，随便应付一下晚饭，匆忙洗漱后又要去住户。

我知道的是那个下午，当妈妈转过身之后，就不再是一个刚和丈夫女儿分别的脆弱女性了，她会是一个认真负责的“访惠聚”工作队队长、第一书记。她会认真地走访入户，出色地完成各项工作。我知道的是爸爸的疲惫和脆弱也许只有家里的鱼儿看得见，当他收拾利落走出家门，他会尽职尽责地工作，全心全意地为人民服务。我知道的是当我们好不容易团聚，大家举杯的时候他俩会祝彼此工作顺利、身体健康，也不忘祝祖国万岁。

换作小时候，我一定不明白到底是什么在支撑他们年过半百的身体这样地不辞辛劳，但是现在我知道那位叫陈望道的青年一定能说出答案。

这只是我家的故事，一个普普通通的小家庭的故事，我的身边还有许许多多这样的小家庭：舅妈和表妹在乌鲁木齐生活，舅舅在阿克苏驻村。叔叔过年回家探亲，婶婶留在工作岗位。姑姑姑父在家过年，表哥在警亭值班……在新疆，这样普普通通的小家庭真的不胜枚举。从2014年开始，前后5批、约5.6万个驻村工作队遍布新疆各地，5年间，35万人次驻村干部走访群众3.8亿人次。他们把小家的悲欢离合收进口袋里，为了大家的繁荣稳定和长治久安坚守在联系服务群众的“最后一公里”，为脱贫攻坚、加强基层组织建设做出了卓越的贡献。好好的房子给鱼住的故事也许每天都在发生。不仅仅是驻村工作队，全疆各族人民都在为新疆的繁荣与稳定积极地做出自己的贡献，这也许就是一代新疆人动人的使命与担当，更动人的是他们牢记使命，也勇于担当。

（本文作者为湘潭大学商学院2015级本科生，现为北京师范大学马克思主义学院2021级硕士生）

寻根——存于生活，亦存于文化

陈非儿

我的故乡在哪？

于我之所见，故乡是一个可以引起我思念和情感共鸣的地方，是一个当我身在远方思绪万千的地方。

我生在株洲，长在株洲，可每逢春节，我都会和家人一同前往湘阴，故我印象中的年味，只有湘阴才有。这两处地方，如此看来，都可称为我的故乡了吧，毕竟，我总能在两地寻到引起我思念的人和物。

我是一个比较怀旧的人，小升初后，我总会一个人在周末去我的小学看看。高中后，也会时常念着去我的初中看看，执着地认为自己可以在一次次的看望中找寻到什么。如今，已步入大学的我，总会在某个不经意的时刻，想起我的高中母校，那片红砖，那棵梧桐树，那陪伴着我高中三年的人，那每当放学便能闻见的飘散在空气中的小摊美食的香味。随后，那段有关青涩而懵懂的记忆便会浮于眼前，有时情到深处还会红了眼眶。这似乎是因为，我已在不知不觉中根植于那儿。

一年中我最爱的便是寒冬腊月，最爱的节日是春节，中国人嘛。那时，若是幸运遇见一场大雪，白皑皑配上红彤彤，用“雪与新春做伴回”来形容再贴切不过。

每逢此时，父亲总会把每日练习书法积攒下的功夫拿出来，挑选上好的纸张，材质、颜色、花纹、尺寸全要考虑到，对联的内容也总要斟酌许久，再挥毫落纸，然后我们会小心翼翼地将其带回湘阴，最后由我和弟弟将去年贴的旧对联取下，换上一副饱含着对新年祝福的对联，这才算完满。虽然我对书法略知一二，但比起印刷出的字体，我更爱笔锋中蕴藏着满满情意的父亲的字，这也是为何，纵使现在的对联字体设计得再美观、对联再精致，我也还是偏爱父亲的字的原因。

而提起年夜饭，我总会想起母亲在除夕前几天便准备好菜式，去集市上采购食材的模样。除夕当天，她会起得很早，一一把配菜、主菜都准备好，饭点前的一个小时，她便会正式着手制作菜品。每次她都能准时地让我们一大家子人吃上一年中意义最为非凡的一餐。

奶奶在除夕夜做的事，是我一直以来都最好奇而又至今为止仍未琢磨透彻的。她会提前准备好腊鱼、清水煮熟的猪肉，将这些摆放在年纪比我还大的小木桌上，再放上一个小香炉，点上几炷香，在万家引燃烟火之时，关上大门，面向大门跪在蒲团上，双手合十，进行祈愿。奶奶做完祈愿后，站在一旁的我也会照猫画虎地做一次。就这样，从总角至桃李之年，我对此也轻车熟路了，也似乎体会到了传承的意义。

当然，过年最开心的，莫过于一大家子的团聚了。长辈们与他们那一辈的亲戚朋友相谈甚欢，而我则可以和同辈们相聚去体验年的韵味——爆竹、纸牌、挨家挨户地“送恭喜”。现在我不再玩小孩子的玩意儿了，但会和弟弟一起陪奶奶玩纸牌；会拉着弟弟继续在除夕夜挨家挨户“送恭喜”；也会开车带着弟弟去县上看一场初一的电影，听他说他的故事，我则给一些自认为会有助于他的小想法。这是平日里少有的可以触及深处的亲情间的互动，所以每逢过年，我都会很珍惜这样的时光。夸父亲的字，赞母亲的菜，听奶奶的笑，感受所有家人在这段时间里格外真挚温暖的情感。

我想，之所以我会这么喜欢这两个地方，莫不过是因为这两个地方的人罢了。而后，又会觉得不止这些。我还是会因为那熟悉的风景、熟悉的建筑、熟悉的空气而引起内心的共鸣。那种感觉就像是，故乡已成为身体里的一个部分，扎根于心底，而自己，又何尝不是已在故乡扎了根呢！

思绪又飘向我的高中时光，记得语文课本上有一篇关于“寻根”的文章，现在只依稀记得文章大意是讲述耄耋之年的海外华侨回国寻找他们故乡的故事，用“游子寻根满愁绪，一朝故土热泪归”来形容再合适不过。加上当时受中央电视台《远方的家》节目的影响，我深深地感受到了中华儿女血液里流淌着对故乡、对“根”的执念。

“爸，我们家的祖先是从哪里来到湖南的啊？”

“嗯……我记得是从福建过来的，那儿有一处陈家祠堂，附近全是姓陈的居民。”

“真的吗？哈哈，突然好想去福建那儿走走啊。”

“指不定你一走到那里，他们看见你的高额头，都不用问便会笑着说你就是陈家人呢。”

这是现在回想起来还会觉得充满温情的对话，是想深了眼角会莫名湿润的对话。明明我从未去过那儿，但仅凭父亲的只言片语，我便感觉身临其境，似乎是内心深处的某根弦被轻微牵扯起，回荡出微小却深刻的情愫。这，也许便是在5000多年的悠久历史的传承下，烙印在血液里，对“根”的执念吧。

《诗经·东山》中那位士兵远戍回乡，纵使蜘蛛已在舍门上结上密网，野兽在屋前留下斑斑印记，却仍抑制不住对家的思念。唐有孟浩然“日暮客愁新”；宋有苏轼“梦断魂销，一枕相思泪”；清有纳兰性德“聒碎乡心梦不成，故园无此声”；现代则有余光中先生的“乡愁是一枚邮票”……

对故乡的思念，是对根的眷恋。我们先祖无论身至何处，心中总是念着故乡，从而有了这些哀愁而宝贵的诗词歌赋，它们汇成一条思乡的长河，从远古一直流到今天，流进每个中国人的心田。并且现在依然在每个中国人的心中占据着重要的地位。思乡——它已经成为一种超个性的心理基础，普遍地存在于我们每一个人身上。

家是我们每个中华儿女的根，是精神的依托，我们对于家的依恋是永远割舍不了的。其一直在传统文化中流淌，其也像是一种生活情调，或是一种对生命哲学的认同。只要是华夏民族的后裔，谁又能摆脱故土对其心中深层意识的浸染呢？

习近平总书记曾说过：“泱泱中华，历史悠久，文明博大。中华民族在几千年历史中创造和延续的中华优秀传统文化，是中华民族的根和魂。”是啊！我们对“根”的执念和眷恋，正好就融在了那宝贵的传统文化之中。

眼下正值初春，南方多雨的天气，总让人有“夜阑卧听风吹雨”之感，那时，我总会莫名想家。那么，不妨在此时，给家里打个电话，不能陪伴，就捎去安好的消息吧！

（本文作者为湘潭大学商学院2017级本科生，现为山东大学商学院2021级硕士生）

太谷正月十五闹元宵

田　姝

在故乡的农村里，一年中最热闹的节日要数农历正月十五——元宵节了。这几年农村的经济一年比一年好，因此元宵节也就一年比一年更热闹了。

元宵节的那天早上，大家都起得很早，早饭都没有吃完，就听见外面的锣鼓声了，爱好文艺的妈妈每年都不会错过这样的集体活动，早早起床开始化妆准备，为的就是在文艺汇演中更完美地展现广场舞。早上六点左右，四面八方的文艺游行队伍进城了。丰盛的早餐再也吸引不了一家人，草草收拾完碗筷，除妈妈之外其他人都向县城跑去。

路上的人可谓是摩肩接踵，所有的公安、武警都会出动维持秩序。县城的各大主街上，早已挤满了人，宽阔的大街一下子显得拥挤不堪。人们互相作着揖，大声地互道平安。

游行队伍过来了。打头的四辆大卡车上，站满了典型北方农民打扮的小伙子，清一色的紧身对襟上衣，白羊肚手巾，腰上再扎一条红绸带，使小伙子们显得更加英俊。每辆车上载一面中国式的大鼓，由八个精壮的小伙子一起擂，每个鼓槌上拴着一条大红绸带，随着双臂的动作，整齐地上下飘舞着。其余的人一律手持巨大的铜镲，伴随着鼓点声迅速地上下翻飞着。后面过来的是上百副传统的“铁棍”——由十几个人抬着一个巨大的木头架子，每个架子上高高地站着两三个古装传统戏剧打扮的姑娘，随着抬棍人特定的舞步，姑娘们表演着各种戏剧动作。

家乡人有一种说法，说上过铁棍的姑娘好出嫁——大概是因为漂亮吧！再过来的是望不到头的“背棍”队伍：一个壮实的小伙子，背上绑一个铁架子，有的架子上站 1 个小孩子，也有的站 2 个孩子。小伙子一边走一边舞，显出一副粗犷的美。再后面是一队一队的高跷、耍狮子、扭秧歌、跑旱船、舞长龙……一些扮着小丑的年轻人夹杂其间，上蹿下跳，不时地向观看的人群做着各种滑稽动作，以活跃气氛。最惊险的是一种叫作“挖棍”的表演：在一辆重型卡车上，装上一根十来米长、可以上下左右转动的粗木杆。一头由十几个小伙子“压杆”控制杆子的起落及方向；另一头杆头上高高地坐着一个顽皮的小男孩，打扮成神话人物的样子。随着木杆的忽上忽下，小孩子突然凌空降到围观人们的头上，他立即扬起手中那根柔软的“皮鞭”向人头上方打去，引起一阵阵的惊叫声。小孩突然又腾空而起，又引起了一阵阵的欢呼声……

颤悠悠的铁棍里踏出的是坚定的步伐，色彩斑斓的秧歌队跳出的是对新生活的憧憬，传统项目划旱船划出的是对幸福生活的向往，腾挪跌宕的武术表演打出的是武术之乡的骄傲，高亢激昂的八音会吹出的是人们奔向新生活的干劲……

“太谷灯节久闻名，不逊苏扬比帝京。”元宵节的太谷城，处处灯火辉煌，溢彩流光，真是人间天上，浑然不辨！曹家才子曹润堂有诗赞曰：“节届元宵兴倍增，满城箫管闹灯棚。年来更觉灯光好，别有西洋巧样灯。”在这首诗中，曹润堂注曰：“元宵佳节，各商结彩挂灯不减扬州之盛。近更喜挂洋灯，愈觉分外光明。”

“扬州的灯，太谷的影。”这句民谚道出了人们对太谷灯传承至今的赞美。白塔广场的灯古典韵气，南山广场的灯恢宏大气，文化广场的灯精致文气，箕城广场的灯唯美秀气，金谷广场的灯华丽朝气，孟母广场的灯温婉灵气。

元宵年年闹，年年都精彩。在浓浓的年味下，太谷人民开始播种希望，洒下汗水，收获硕果。来年将会大丰收，来年又会是一个精彩的年！

（本文作者为湘潭大学商学院2015级本科生，现为湘潭大学商学院2019级硕士生）

老　屋

李　欣

好像从记事以来，老屋一直都是这个样子。屋顶的每一片瓦、砌墙的砖依旧是那颜色，院子里那棵一年四季都长满果子的杨桃树，就连屋后墙角也是十年如一日地长满了青苔。但是从老屋出来的少年们，在不知不觉中，都已经长大成人了。

小时候，全家都住在这间老屋。我所说的全家不仅仅是指我们这一家子，而是像巴金《家》里面所描述的那样，我们一家三代同堂，全部住在老屋里。那个时候老屋还不叫老屋，也并不觉得挤，感觉快乐总比忧愁多。

伯父家的哥哥姐姐，三叔家的姐姐弟弟，四叔家的双胞胎哥哥和小姑家的小表弟，相对于别人家的“冷清”，我们家每天热闹得像过年。

一天的开始总是从四叔家双胞胎哥哥所住的南屋里传来的相互打闹声中拉开帷幕，接着便是住西边屋子的三叔家开始有所行动，大人们相继起床，开始洗漱，准备去上班，紧接着是哥哥姐姐们，起床换衣准备上学。那个时候，自来水还没通到村镇，每家每户都是靠一口水井开始一天的洗洗刷刷，一家老小，一人一份洗漱用具，围在这口老井旁，相对无言埋头洗漱。直到现在，我都非常清楚地记得每天早晨不管家里小孩打骂，还是公鸡啼叫，无论是妈妈婶婶在厨房里做早饭时的锅碗瓢盆的碰撞声，还是大伯每天准时的咳嗽声，在这些热闹非凡的声音背景下，奶奶总是气定神闲，每天早上雷打不动地坐在门口的一张小石凳上，手持一把看不出年头的木梳，慢慢悠悠地梳着她那头白发。她好像沉浸在自己的世界里，好像在那个世界里，时间都要慢许多，甚至于都要安静许多。

直到太阳升起，直到大人小孩上班的上班上学的上学，那头银丝也就变成两股麻花，在初阳的映照下，闪闪发亮。

我们那条街，家里有大院子的貌似也就我们家，所以那条街上的小孩都喜欢来我家玩儿。跳大绳、弹弹珠、捉迷藏、跳山羊，那都是每天必玩的项目。有时候意见不合，场面瞬间就变成电视剧里的武打片，院子也就成了擂台，顿时飞沙走石，哭声喊声混成一片。大人们也都习以为常，从房里出来呵斥几声，也就罢了。第二天便又和好如初。小时候我长得乖巧，一见人就笑，但用我妈的话说，我那是典型的“笑里藏刀”。那个时候我仗着是家里的老幺，皮得很。我记得有一次玩跳山羊，我当山羊，当双胞胎堂哥撑着我的背要跳的那一瞬间，我蹲下去了，顿时，我堂哥脸着地，擦伤半边脸。我当时还挺得意：看你以后还敢不敢让我当山羊给你们跳。当我听到哭声，抬起头，看到我堂哥一脸的血时，我顿时吓蒙了。后来被我妈拉着去南屋道歉，哭得一把鼻涕一把泪，那件事过了很久，我都不敢进四叔家的房门。

后来啊，老屋就真的成了老屋。哥哥姐姐们渐渐大了，相继去了外地求学、工作。大伯家在其他地方盖了新房，东屋就空了出来；三叔家在院子的尽头把那棵不知道什么时候就长在那里的榕树砍了，另起了一栋新楼房，西屋也没人了；四叔家因为工作的关系，在外地买了新的房子，也搬去那边生活了，南屋也就没了吵闹声。我上中学的那一年，早上习惯坐在门前梳麻花辫的老太太也去另一个世界找寻她的老伴了，从此，我再没见过阳光照映下的银发，我们，也就再也回不到过去了。

自老太太过世后，伯父就提议，每年春节所有人一定要回老屋住几天。今年的团圆饭显得格外的热闹。伯父家的堂姐有了小宝宝，三叔家的堂哥结了婚，四叔家的女儿今年刚嫁了人。团圆饭，满满当当，在老屋的院子里摆了三桌，叔父辈们觥筹交错，谈笑风生，我们这一辈追忆当年，笑声不断。

一时间，我恍惚不已，感觉又回到了你把我弄哭，我转头就回去告状，但第二天又和好如初的那个时光。在这阖家欢乐，热闹无比的氛围中，一直性格外向的父亲格外沉默，我知道他此刻在想些什么。

这几年，每家每户的日子都好起来了，生活早已迈入小康，而这一切的一切，老太太却无缘与我们同享。父亲总说，老太太走得不是时候，她要是能长寿，在如此好的时代，家里那么多孝子贤孙，她必定是最幸福的老太太。吃饭期间，伯父感慨老屋真的老了，已经老到屋里的房梁快要支撑不住房顶瓦片的重量了，已经老到需要修葺一新了。

老屋就像是时间的见证者，它陪爷爷奶奶熬过了食物极度匮乏的寒冬；陪叔父们走过了改革开放后大展手脚的春天；陪我们小一辈度过了五彩缤纷的夏天。它就像一位家族的长者，默默无言地陪着全家人慢慢长大，慢慢变好，最后又默默无言地身退。

（本文作者为湘潭大学商学院2015级本科生，现为中国电信股份有限公司定安分公司定城支局副局长）

走过故乡

曾子怡

多年以后，游子回到了故乡。回到了见证他从咿呀学语到年轻力壮的地方。他不止一次踏足在这片土地上，但这一次，他重新审视了这一方山水，发现了它独一无二的美。

——题记

我便是那个游子。在成长的路上，我一步一步地，把自己走成年了，把父亲的头发走白了，我和故乡之间，也走得更远了。于我而言，故乡是一种平凡普通的东西。

我最开始以为，故乡是我走过的那几个路口。

第一个路口，是泥泞的。特别是在下雨天的时候，泥巴一旦与雨水混合，就有了令人讨厌的附着力。父亲送我到那个路口，给我背好书包，然后注视着我走进小学的校门。

第二个路口，很美。水泥路旁生长着高大的乌柏树。它们一年四季都有着不同的形态，我最爱他们夏天的模样，翠绿的叶子相互堆叠，就好似一个个大马蜂窝。隔着老远，就看到父亲坐在摩托车上，抽着烟。班车缓缓停下，父亲见到我：“等你好久了!”一路上的风混合着泥巴味、青草味，还有父亲的烟味。我读高中放学回家了。

第三个路口，是喧闹的。喇叭声、引擎声，一辆又一辆的车从我们身边经过，最后长途汽车停下，父亲催促我赶紧上车，并帮我买好车票。车窗外父亲朝我挥挥手，转身骑上摩托车，消失在车流里。三个小时后，我将会踏入大学的校园。

走过一个、两个、三个路口。每一次在路口的等待，都是我与故乡挥手告别，而我却浑然不觉。

直到那天，父亲坐在堂屋门口的台阶上晒着太阳，微眯着眼叫我给他拔白头发。看着父亲头上拔不尽的白发和微微弯曲的背，我突然意识到，眼前的父亲和这一片土地以及这片土地上的人们是那么宝贵。

于是我重新踏上这片土地，去找寻自己不曾用心体会的事物。

我走出家门，看到邻居家的叔娭驰在洗衣服，手里的洗衣棒上下挥动，水珠飞溅。小黄狗慵懒地趴在柚子树下，脑袋搁在两只前爪上，耷拉着耳朵休息。走过邻居家，我走上了田埂，这片农田曾经带给我许多欢乐。夏天，这里是我们的百宝园，堂哥表哥们成群结队偷摘种在地里的瓜果，若是谁摘的西瓜是白色的瓜瓤，那可就免不了要被大家笑话一番。还有那片甘蔗地，因为一个农夫的守护，屡屡不曾得手的我们总是计划着下一次的行动。可计划中甜美的甘蔗还没吃到，我们几个就都长大了。秋天，这里是我们的游乐场，稻谷收割以后，田野变得格外广阔，到处都散发着稻草香。拿着小锄头，提着桶，沿着田埂挖泥鳅；或是赶在阳光正好的中午，溯溪而上，去抓贪恋阳光的大螃蟹。我还有一个好伙伴——我一直最喜爱的大黑狗。它长得比一般的中华田园犬都要高大，全身毛发乌黑，只在胸前有一小撮白毛，两只耳朵竖立着，显得特别机警，我喜欢和它在田野里互相追逐、打闹。

漫无目的地走着，太阳已经向西落去，大黑狗跑着、跳着，倏忽不见，眼前只有一个老农，在池塘边洗好农具，牵着大水牛往家走去。田里的叔叔伯伯们互相吆喝着："散工咯！回家吃饭了！"

这就是我的家乡，多么宁静闲适的地方呀！不管我在外面的世界里多么行色匆匆，回到这里，总是会不由自主地放慢步调，抛掉所有的忧虑与烦恼。而她，将她那和煦的暖风，幻化成温柔的双手抚摸着我的脸颊。晚上，她会安排蛐蛐儿们给我唱摇篮曲，生怕我睡不着似的。

我终于发现，那几个路口并不能代表我的故乡，它们只是一扇扇大门，我从门口进进出出，是一次次的与故乡的别离与相遇。走过故乡，走过只属于她的春夏秋冬。参与过这片土地上人们的周岁宴与葬礼，我也在轮回之中，随着时间的推移一步一步向前走着。我终究是属于脚下这片黄土地的，生于此，长于此，葬于此。

我曾如此向往美丽的远方，可最后发现，最美丽的地方，竟是我走过的故乡。

（本文作者为湘潭大学商学院2017级本科生，现为中审众环会计师事务所〔特殊普通合伙〕审计助理）

拾遗·新知

李家鸿

小时候我总是太过淘气，不是弄坏拉链就是丢失了钥匙，于是我就不得不去街上找那位老人修理拉链或是重配钥匙。那时候的老镇江，一条街望去尽是小地摊，耳边是热乎乎的方言，“叮铃铃”的自行车铃声热热闹闹。老人在一条僻静的老街摆摊，他背靠着一棵茂密葱翠的大树，炎炎夏日里，那片树荫下，两三蒲扇，一副象棋，倒是一块不错的避暑去处。

老人寡言却温和，每次我将钥匙递给老人，他总是乐呵呵地朝我笑着，即使隔着厚厚老花镜，我仍能看清那双眸中盛着的笑意，“小丫头，坐会吧，还要等好一会呢。”他有许多木质的小板凳，上面有着一圈又一圈木头独有的花纹，仿佛荡漾的涟漪，附耳倾听或许有潺潺的流水声也未可知。

老人时不时推推鼻梁上的眼镜架，用手细细摩挲着钥匙的纹路。他的手生得宽厚结实，但出奇地灵巧，手上不知名的工具随着手指舞动，闪烁着点点金光。老人工作时尤为少言，周遭人来人往仿佛都不存在似的。老人的工具我基本叫不出名，它们大多都被染上了点点黄土色，颇有时间的颜色。

这条街有些时段少有人来往，也不知老人为何择了此处。除了偶尔有如云般悠哉而行的人们的步履声，也只剩下老人工具碰撞的细碎声音和些许风声。不过若是盛夏，那满树的蝉就不甘寂寞了，激情地歌唱着生命。

后来，那些离家的钥匙和“不安分”的拉链不知道什么时候就安静了，好像是随着我的长大吧。

直至前几年，恰逢新配钥匙，再去老街寻老人。那条记忆里少有人烟的老街却热闹非凡，高楼耸立，车来车往，充斥着无数的声音。而那避暑胜地的大树下，人们都行色匆匆，无人驻足，只有喋喋不休的蝉声和汽车鸣笛声陪伴着它。

无奈下我去了专门配钥匙的门店，那里有先进的机器，随着“嗡嗡”的声音，铁屑四溅，乌黑的铁渍染着了我的袖口。转瞬间，店主就递给我钥匙，我示意下手机的付款界面，老板点点头，转身离去，望着他的背影，我有些怔然，总觉得在这快速里少了些什么。

再过了很久，我有次寒假回家，提着行李箱坐上出租车。司机以为我是外地人，说着带有镇江口音的普通话，“小丫头，我和你说啊，我们镇江啊，可是千年古城……”在那温热的语言里有青山碧水，有热气袅袅的吃食，也有故事里隽永的名人们。下车后，迎风而行，突然想去看看那些熟悉的景致。

于是，在某个暖阳天里，我和好友相邀，去看看那些近在咫尺的人与景。再次踏上千年古渡——西津渡，在狭窄的巷口，多了些仿古建筑，新颖又不乏古韵。许是元宵节将至，巨龙灯笼盘旋在门口，好似要冲上云霄。

与现今许多古街相同，西津渡也添了几分商业气，不过并不令人讨厌，一切都恰到好处。街本身就是充满烟火气的，倘若强行剥离，不免太孤独了。于是我们瞧见一个老人躺在店里的躺椅上，悠闲地看着电视；老板娘细心地为一盆盆多肉浇水，嘴角轻轻上扬；小哥热情洋溢地招呼着客人吃面……有“西津慢递”独特的新店，又有文化遗产“太平泥叫叫”，那些古法制的麦芽糖，都穿上了精致的新衣。新旧相依，快慢相宜，这一路是拾遗，也是偶得的新知。

我想，那个配钥匙的老人看到这一切也是会笑着的吧，又或者他也正躺在椅上悠闲地看着电视。

有成语“先破后立”，无论是个人、城市还是国家，快与慢本就不是对立。正如镇江古称“宜”一般，有时快慢也许并不需要通过“破”来“立”，快慢相依，旧中孕新，方为宜。又转思，“快”时代何尝不是提供了更多的时间去“慢”，而“慢”情调又推动人们“快”步前行。

思及此，我想，这座城市，包容着那么多洋溢着温暖的人，他们大步迈向新时代。

极其幸运，我在这漫长的时光里，零零碎碎的小事件里窥得一座城的“快”与“慢”，感悟一国的成长，最终在“寻常”的风景里拾起遗忘的美好，觅得新知。

（本文作者为湘潭大学商学院 2017 级本科生）

家的记忆

卞英霞

人的记忆仿佛是一座城，圈住了许许多多的东西，或美好的回忆，或痛苦的经历。而对于一个离家远游的学子来说，最珍贵的便是记忆中那几帧家人、家乡的画面。因为它们在无数个回想起家乡的泪眼蒙眬的夜晚，给了游子一份温暖。

回到学校，在脑海中勾勒家的轮廓。起伏的柏油马路两旁是一个又一个的商店或小吃铺。转入下一个路口，柏油路变成了水泥道路。周围的树木、花草是再熟悉不过的景色。漫步向前，再转过两个路口，就是日思夜想的家了。

还是那扇水蓝色的铁门，斑驳的铁锈无声地述说着岁月的流逝。大门两旁仍然堆着散发几丝草木香气的柴垛。还未入门，便听到家里的小狗低吼的警告声，仿佛在喝退陌生人。推开大门，影壁墙下停靠着那辆熟悉的白色三轮车。而这时，认清来人的小狗便会发出欢快的“哼哼”声，愉快地摇着短短的小尾巴。

院子里那棵老石榴树落光了叶子，只剩下孤零零的枝丫在寒风中瑟瑟发抖。左侧的杏树与它遥遥相望。杏树下那几只老母鸡悠然地在鸡窝里踱步，不时将头探出，去啄鸡槽里的食物。

登上台阶，走到“月台”上，几颗地里刚刚挖回来的新鲜白菜就在脚旁，嫩绿的叶子在这萧瑟的冬季让人分外舒适。拿出钥匙，将最后一道门打开，走进堂屋。映入眼帘的是略窄小的房间，靠着墙壁的桌子上有序地摆着几个碗碟，竖着一个筷筒。墙壁上的中国地图好像有些许的泛黄，地图上方悬挂的钟表不紧不慢地走着，尽职尽责地指示着时间的变化。一件一物，都没有太大的变化；一件一物，都慢慢与记忆中的重合。

再走进卧室，窗帘半掩，夕阳斜照，落下几缕余晖。房间里似乎突然变得温暖、明亮了起来。书桌上立着我喜欢读的几本书，衣柜里不时飘出淡淡的香气。家总是能让我安心地享受每一时刻，暂时放下那些恼人的人与事，沉浸在这片天地之中。

景色如此，人亦是如此。

奶奶还在的时候，总是殷切地盼望着我的归来。这样就能与她坐在一起，让她看看我的变化，是否胖了些，是否黑了点，又是否长高了一点。我呢，则依偎在她身旁，握着她苍劲有力却瘦瘦的手，听她慢慢道出陈年往事，那些令她开心的、难过的往事，一遍又一遍……等奶奶讲得有些累了，我就会开始讲述我在学校里的趣事，或者汇报一下学习的状况，让她不要过于操心。

每每我快要返校，奶奶就会把我叫住，从一个不起眼的角落，将她珍藏的不舍得吃的东西给我。最后，还会不厌其烦地叮嘱我：“路上小心，好好学习。”

然而，斯人已逝，残留的只有记忆了。如果奶奶知道我就读于一所不错的大学，想必在天堂之上，也会笑逐颜开。

失去的总会怀念，但也会让人更加珍惜现在与家人在一起的时刻。

归家的第一个晚上，弟弟总会兴奋地凑到我的旁边，脆生生地道："姐姐，你回来了！"妹妹生性腼腆，但也会与我逗笑几句。爸爸妈妈似乎也比平时更高兴些，妈妈多炒两个小菜，爸爸再小心地多斟一些白酒，皱纹里堆满了笑意。饭后，一家人围坐在小火炉前，烤火、聊一些有趣的事情。屋外，"晚来天欲雪"；屋内，早已是阵阵笑声。家的温暖，不过就是眼前这般了。

自从读了大学，回家的机会就只有冬、夏两季。而春、秋两季只能从更深处的记忆中寻找。真是应了那句：从此，我的故乡，只有冬夏，再无春秋。

这一帧帧温暖的画面，这画面中珍贵的人，这家人之间真挚的情感，都能让我在他乡的土地上，从内心深处涌起一股股暖流。在我得意时，家的记忆浮现出来，让我感觉到为家乡增光添彩；在我失意时，家的记忆更加深刻，它将我低落的情绪慢慢抚平，使我鼓足迈向下一步的勇气。

家是我们开始人生的地方，而家人在我们成长的过程中保驾护航。关于家的记忆应当铭记一生，从而鼓励我们在以后的日子里，为我们的大家——国家做出奉献！

（本文作者为湘潭大学商学院 2017 级本科生）

邯有你，不孤郸

郭怡颖

“邯郸山，在东城下，单，尽也，城郭从邑，故加邑云。”

邯郸这座城，在历史长河中，已毅然站立了三千余年，从不曾缺少故事。

走到学步桥上，滏阳河还在静静流淌，昔日赵武灵王胡服骑射，毛遂自荐千年流芳……

史铁生有言：“人的故乡，并不止于一块特定的土地，而是一种辽阔无比的心情，不受空间和时间的限制；这心情一经唤起，就是你已经回到了故乡。”恰如此言，我们想念家乡，或者记住一座城市，往往只源自那些细碎的事物，它们不经意地散落、点缀着我们平淡无奇的生活。

自小便生在长在这座老城里，她的气息早已融入血液，而每当谈起，令人难以忘怀的总是那些平淡岁月里的琐琐碎碎。是一个人的经历，是一座城的画卷，更是一个国的缩影。

（一）

又是一年春。

游子的心是风霜剥蚀的残碑，碑上已经漫漶了的家乡的字迹。

也只有逢这佳节，父亲、母亲、弟弟和我才会踏上那归乡途。说是乡，却又不知何为乡，年少的理解便是有挂念的人所在之地。回到邯郸的小县鸡泽的老宅，也是因为奶奶。一路驾车驶来，县城的麦田和炊烟早就消失了，遍地是交错的马路和冒烟的工厂。它一年比一年陌生，褪掉一层皮，擦掉脸上的黄土，挤干净江河里陈年的污血，迅猛又欢快地变异。

三线城市的扩建如火如荼地进行着，大家都在期盼一种更好的生活。老人们“根”的情结并未得到太多重视，他们眼底那抹眷恋的光，仅是涌现那么一下子，又很快暗淡下去。

一边是轰轰烈烈的车流，一边是野蛮荒芜的田地。那些曾经漂亮的田埂没什么人走了，可它们却通往我儿时的记忆，尽头应该是玉米田和辣椒地。

（二）

我住在乡下时，村子还不大，一点点喜庆的事情都能很快把一帮人召集在一起。

四岁的时候我已经可以准确无误地从 1 数到 100，熟练背诵字母表。每日里，爷爷奶奶下田，我同祖奶奶在家里等候着，当我蹲坐在台阶上对着大公鸡大声数数，把字母表背个四五遍，偶尔同祖奶奶打上几局老人牌的时候，奶奶刚好回来，给我带回一个新鲜的西红柿作为奖励。

上小学的时候，早晨迷迷糊糊地被奶奶叫醒，吃了粗粮饭就和临街的小伙伴奔去学校，有时候忘记了拿东西，奶奶提着鞋跟在我屁股后面追出好几条街，嗓门洪亮得如同隔壁屋 20 多岁的小媳妇儿。

上学路上，要经过一条田中小道，小道旁边长满了挂着露珠的小草。雨天踏着绿色的小雨靴，和小伙伴打着伞穿过去，途中身后的伞戳到我的背脊，失足滑进积满雨水的沟渠，被路过的邻村人救起。

爷爷赶到的时候我浑身湿透，在瑟瑟发抖，他把我裹进他的雨衣里，嘴里喃喃自语："天气很冷，不要淋湿了。"其实身上本来就是湿的，尽管雨衣把我的整个身体都装进去了，也挡住了我的视线，我却觉得眼前的世界格外清晰，充满了安全感。

只是总会有告别突如其来，再温暖的怀抱也会敞开双臂任你去远游翱翔。

（三）

八岁随父母辗转至市区读书，他们工作繁忙无暇顾及一个顽皮孩子的嘻哈打闹，便用一张图书证"打发"我。

邯郸市图书馆承载了我整个小学时期的记忆，而音像旧书店，是我初中生活的缩影。

图书馆儿童阅览室有皮皮鲁和鲁西西的奇妙历险，马小跳的花样青春，笑猫的日记……最喜欢用文字去打量这个有太多疑惑的世界。在墙壁上贴下一张又一张奖状、一朵又一朵小红花是读书外的第一大乐趣。

在我上初中的那个年代，每次经过那家音像旧书店，店门口的喇叭里终日高声播放着的，经常会是“她们都老了吧/她们在哪里呀/我们就这样/散落在天涯”。《最小说》的海报贴在铁门上，以郭敬明为代表的青春文学正如火如荼。那时邯郸市图书馆已经临时北迁，杂志、报刊、音乐是在忙碌中学生活中最易取得的精神慰藉。

每当这个时候，我都会在门口驻足好一会，听清歌词，然后走进店内，用零花钱买一两张最爱听的 CD 或一两本最爱看的杂志。我最爱朴树，父亲偏爱邓丽君，母亲中意张国荣，弟弟喜欢葫芦小金刚。我定期逛音像旧书店，把喜欢的唱片收集起来，在夜晚伴着他们的声音入眠。

高中，被称为“高考工厂”的衡水中学是河北人心中的“神祇”，许多学校纷纷效仿“衡水模式”的教学方式，但我从心底不喜欢这种教育方式，却又感到无可奈何。大家都努力地往前跑，如果不想落后，唯一的办法就是拼了命地往前追。那时最轻松的就是每个星期日的四小时自由休憩时间，偷偷戴上 MP3，将英语听力切换成喜欢的音乐，沉浸在民谣世界里。那时马頔还未有名气，却是我青春里最珍贵的宝藏。

仿佛一切静默而富有生机。

（四）

总有人说，邯郸是留不住人的。人们为了更好的发展和更好的环境，纷纷逃离这被工业污染的城市，曾经让无数人骄傲的

“全国学首钢，首钢学邯钢”，如今却是看到几颗星辰都令人兴奋不已。年轻的人们踏上征程去往祖国的大好河山。

故乡，它用血缘扯着你，它也只能用血缘扯着你。

或许也只有逢这佳节，为了心中的挂念而短暂归来。

还是凛冽寒冬，节后的广场上空无一人。屏幕里第一个画面里闪过这样一排字幕：“每架飞机的起航都带着一个使命，那些没有归航的，在某处用另外一种方式完成着它。我们习惯了忘却，好像它们已不再是这个世界的一部分。”

对于生命而言，又何尝不是如此呢！

本来我是那么地喜欢二月，以及一整个二月的风。风一点点变软变暖，状似从姑娘的小嘴里吹出来的。白昼渐长，把一整个冬日里攒下的阴郁全挤走。二月发生什么我都不惊讶，因为人人眼里有希望。

可是离人轻轻一抬腿，就牵开身后这城市四面八方的闸，土崩瓦解，大水屠城。“一百里，又一百里，再回不去，背井离乡，不见归期”。

人人都说，“生活不止眼前的苟且，还有诗和远方的田野”。而我只觉着，所有的远方，都没有好心肠，他们什么都不说，光这么远着，就把所有人赢去了。

有人问，即将离开家乡是一种什么样的感觉？这就好比上天最初给了你一本书，你有可能不经意间翻过了你最喜欢的那一页，但那页并非就此错过了，它还会一直停留在那里。

（五）

世间本就没有所谓永恒之物，只要这些看起来无穷无尽，但事实上稍纵即逝的无数个日夜，没有白白来过，就足够了。

回不去的，是从前的年；吃不够的，是故乡的饭。寒暑假归乡，终于能够吃上心心念的馒头、驴肉火烧、家门口的牛肉板面，吃上十天半月也不厌。那独特的味道，萦绕在离乡后大学每个清晨墨色的梦里。

怀旧心思涌动，特意穿过大街小巷去寻那家音像旧书店。所有的杂志都在特价销售，老板娘瞅了我一眼，看我仿佛过了读少女杂志的年纪，便低下头径自忙自己的去了。我走到门口，看看告示牌，发现刚竟没注意到，原来这家音像旧书店也要拆了，要被改建成一个大型电玩城。

惋惜之余，转念一想，现在也没什么人听 CD 了。喜欢谁的歌，去 App 上下载一个数字音乐专辑即可。又想到，我的 CD 也只是孤零零地被摆放在书架上，MP3 再也充不进电。

灰溜溜回到市中心，溜达到家对面的大桥，大桥下是公园，音乐喷泉定时开放，旁边大型的娱乐购物大厦鳞次栉比，巨大的屏幕滚动播放着广告和招商信息。我心心念念的图书馆终于搬回市中心，且一改昔日样貌，全自助借还书，各种阅览室分列五楼，区分得清楚明白。

我看着身后被工业和商业裹挟起来的小城，一面暗自回味它的变迁，一面不争气地怀念过去。家乡越来越年轻了，像极了我身上那件俗气的新衣裳。

曾感叹过与国际化从不沾边的故乡，也有人成为荷兰“火星一号”火星探索移民计划的候选者；高中母校与丹麦的兄弟学校联系更加密切，再不会发生像我读书那年外国学生来访时万人空巷的壮观景面。京津冀一体化、雄安新区的发展，让这个为国家工业做出巨大贡献，正积极谋求转型的省份来日可期。

（六）

但它仍然令我感到熟悉：在村庄里，节约的主妇坚信井水煮饭比自来水好吃，新娘子即使穿上西式婚纱也要弯腰拜堂；在城市里，与卖菜小贩交流使用的仍是流利的邯郸话，在小区楼下遇见的街里邻坊总会亲切地打招呼。

纵使新生的人，永远在想着离开它。但也永远有人坐在门口，盼着归人。

岁岁平安，年年团圆。

岁岁年年，人，总要往回走的。

更何况，来日可期。

邯有你，才不孤“郸”。

（本文作者为湘潭大学市商学院2017级本科生）

最是人间康乐地，古道秦楚汉江怀

杨婧雯

郧山苍苍，汉水泱泱，灵斯毓秀厚流光。武当巍巍，杏林芬芳，流光溢彩聚四方。鄂西北秦岭以南、汉水依傍的一方卧龙风水宝地便是那秦楚汉中的古郧阳，就是我的家乡——十堰。最是人间康乐地，秦楚古道间汉江依傍的我的故乡。

十堰，我更爱称它为郧阳。那是一片满富古韵的遗世仙境，充满神秘色彩的传说在一代代人中流传。女娲曾经在上庸界宝丰山巅炼石补天，郧西县天河口还流传着牛郎织女的罗曼史，汉江畔汉水女神朝夕出没，在霭霭云雾之中浣纱采莲……老郧阳的山坳里珍藏着远古生物的化石，郧阳猿人的头骨化石昭示着人类祖先的诞生，神农架野人的传说仍是那么的神秘……郧山化作依靠，汉水不绝哺养，让老郧阳在今日的灯红酒绿里仍能守住荆楚大地古色古韵的一丝情怀和山水毓秀的瑰丽色彩。

我想起金庸先生笔下的真武太极，而武当山正因“非真武不足以当之也”而闻名。世人皆知武当山的武当派和道教真传，但武当山间丛林木草、山泉溪溅只有真正踏上金顶眺望四周才得以体会。在红墙青瓦中彳亍，体会历代皇家对宗教的诚挚，感受历代变迁中武当山的沧桑。看百年垂柳在夕阳下的余晖，叶间穿梭过一寸寸流年。看崖壁上嵌入山体间的南岩，仿佛可以看见为民祈福的君主在万丈深渊之上的龙头香前祭拜。看云霄里一览众山的金顶，六百年不灭的长明灯火不时跃动。那绿瓦红墙伫立了这么久，在往后的余生里又将阅尽什么样的岁月年华。

百里开外，桃花流水鳜鱼肥。丹江水碧波浩瀚，一望无垠。小太平洋是卧在丹江之间的一颗明珠，吸引无数游人留连忘返。丹江口大坝竣工，一汪江水顺着秦晋之地送往首都，灌溉着北方焦渴的土地，清凌凌的源头水滋润着京津冀地区千万人的心田。余下的清澈江水，则孕育着这汉中黄土地上的花草林木，浇灌着劳动者播下的五谷杂粮，也哺育着从老郧阳到现在的十堰的一代又一代的炎黄子孙。汉水泱泱，是我们故土的温床。

追溯到新中国成立，那时国际局面波诡云谲，二汽被安置在鄂西北的十堰。十堰从此又被冠以“汽车城”的称号。十堰被二汽带领着在奔赴富裕的路线上奔跑，二汽也在十堰的机房里渐渐壮大，成为不同于往日的栋梁企业。而今国泰民安，商用车被运往武汉和襄阳。每每看见二汽的车标，我仍能嗅到家乡重机厂的漆油味，耳畔仍有车间劳作的声音在萦绕。

弹指之间，时不我与。家乡一幢幢高楼拔地而起，一个个大型商场留下夜间不灭的霓虹。高架桥两边透亮的灯火，映照着这个城市的风花雪月，指引着劳顿奔波中的行人归家。从绿皮火车到快车、从快车到动车、再从动车到如今的汉十高铁，相隔千里也好似一衣带水。我想起木心先生的《从前慢》：“从前的日色变得慢/车，马，邮件都慢/一生只够爱一个人”而如今的一切都很快，能将一生的爱化作长久的陪伴，能让千里之外的子女常回家看看。往日仿佛历历在目，今日却焕然一新。苟日新，日日新，十堰，仍在悄然无声地发展着。

这座城市永远在拼搏，就像在这座城市里生活的人，也在为着各自梦想前进。三城联创不曾止步，五城联创更上一阶。创建文明城市的号角吹响之时，横穿马路等不良行为已不见。斑马线前耐心等待的车辆是对这座城市生活的人们最好的问候。这里有响应党和人民号召的道德标兵，这里是天然的氧吧，这里的山村永远是脱贫致富的排头兵。这座城市永远沿着党中央的指引，将自己建成光彩熠熠的模范之城。

我曾看过世间之大，也曾沉溺于其中。但梦醒时分，我脑海中依然是那个汉江畔的它。最是人间康乐地，古道秦楚，郧山汉水，蕴藏着我千丝万缕的故乡情。环境对我们影响很大，视野影响我们的世界，一辈子待在家里的人也许会认为这个世界很小，小到只有这个村庄，小到只有这个家。

年过完了，父母因为有事，早早就离家了。跟开始一样，我拖着行李箱，坐我的“十一路车”——双脚去车站。走在去车站的路上，又路过龙王桥。昔时，常有人挑着木桶，里面是一种传统美食——凉冻，他吆喝着：“来吃美味的凉冻咯，一口清凉醒脑，两口永不疲劳。凉冻哟……”孩子们纷纷围上来。一辆轿车飞驰而过，我恍然回到现实，眼前只有林立的商铺，里面有许多新奇玩意。

改革开放以来，随着经济与科技的不断发展，科学文化渐渐也为乡村人所知，迷信已去除，可是手机、网络替代了言语。烟花还在燃放，可年味似乎越来越淡了；随着法制的健全和教育的普及化，法律渐渐成为保护人的工具，学校建立起来，孩子们有书可读。

“其实年味没有变淡，和家人相聚，同时拥有的那一份情，那一份迫切，那一份感动，就是过年，就是年味。”

在新的时代，传统在继承，同时也被赋予时代的色彩，传承并创新着。老一辈的思想也许很难再改变，但是，新一代人一直在路上。

（本文作者为湘潭大学商学院2018级本科生）

倒了，那果树边的老围墙

卫雨凡

五月的西安，有点清凉，又有点燥热。

这样的天气，似乎永远都不太好拿一个具体的季节来将其划分，它冒失得就像一个小年轻。

我出生的这座城市——西安，它悠久的历史深深地烙印在这座城的每一个角落。它既默默地渗在古老城墙的丝丝缝隙中，又悄悄地藏在每一个老陕人面颊的笑窝里。曾经有人这样调侃西安，说这里的历史多到当年修地铁的时候施工队延期了几次，因为挖着挖着就可能翻出些文物来。也许是当局者迷，虽是有些许自豪的，可年少的我并没有过多的感触，竟将这一切视为平常。直到上了大学，远离家乡踏上湘土，当南方湿润的气体迎面扑来的那一刻，我才从许久的梦中惊醒，瞬时间体会到了“举目见日，不见长安”的孤独与迷茫。

在以往的夏日，此时的我不是在家中享受冷气，就是四处串门寻找同伴。那时候电脑、手机等电子设备才刚刚兴起，我还住在灰色水泥墙壁的老式家属院中。因为楼与楼之间的距离很窄，我们这些孩子都喜欢在家属院中心的一个大空地上追逐玩耍。我的奶奶和很多老人则会来到墙根边的大树下聊天乘凉，以此消磨悠闲的时光。

那处永远潮湿的墙根种着许多树，那是院子里所有人的共同财产。有粗壮得三个人都合抱不来的紫槐，有枝繁叶茂的梨树，它们的下面往往坐满了人。相对而言那几棵无花果树下就没什么人影，显得格外冷清。也许是老人们嫌这种树长得太低又太过招虫，飞来飞去惹得人头痛，又或许是嫌某些没熟的果子被鸟儿啄了，滴下来的白浆太过黏糊。可那几棵树却是孩子们的最爱，因为每次到了秋天无花果树的果实成熟，我们就能大饱口福。它是矮了些，但却更方便我们爬上去；它是爱招虫子，但我们这些小人儿可不怕；它是果实黏糊了些，但往往越黏糊的无花果肉越香甜，越好吃。

每当九月开学第一天，放学后我都会跑得飞快，因为我知道此时屋中必然有着一小篮熟透了的无花果，这是奶奶亲手打下来的。难以置信，明明在春天时只是枳子般大小的绿疙瘩，现在却能有一个拳头这么大。剥下外面那层黄绿色的皮，柔软的橘色的果实就那样呈现在你面前了，清新中混杂着一丝丝炽热，晶莹剔透的果肉像是被夏日阳光赋予了魔力一般，每丝每毫你都能看得清楚。咬下去后柔软细腻的口感，以及回味的缕缕甘甜，都能让你忘却当天发生的一切不愉快。

可是自从高中以后，院子因为要扩建，那堵围墙被拆除了，当年的无花果树也被移种到楼后另一片小空地中。院子中心的空地变成了水泥地，安上了各种健身器械，这里不再只是孩子和老人的乐园了。一到傍晚，院子里的人便纷纷出来锻炼，有绕着楼群长跑的，有带着小孩出来练走路的，有夫妇拉着手散步的，好不热闹。

可惜这番景象那片无花果树是看不到了的，只有紫槐和梨树静静地站在广场的一边，脚踩着留给它们的方寸之地，等待着人们再度带着小凳，到它的荫下乘凉。而那些无花果树，也因为更加充分的日照已经越长越壮，暗暗琢磨着有多少孩子正在梦中品尝它那甜美的果实。

那日的光彩一如我当日背上行囊，是的，在经历了最紧张的五月，最难忘的六月，最自在的七月，最向往的八月，在最后也是最初的九月，我离开我北方的家，独自一个人前往南方。

我定是带不走西安的一切，但它们却早已化作标志渗透进我的一言一语。我定是带不走那个院儿的那个目光，但他们却永远住在我的心里。

院里的老围墙倒了，那是院中的青年得到的离去的暗号，离开那两棵陪伴了她十八年的紫槐和梨树，踏向未知的彼方。

院里的年轻人走了，但我相信，她一定能克服猛然袭来的孤独和迷茫，张开自己的臂膀，去拥抱未来和希望，迎接创造的喜悦，收获给予的幸福。

九月的湘潭，有点闷热，又有些清爽。

（本文作者为湘潭大学商学院2018级本科生）

重庆味道，这是雾都

雷　欢

“各位旅客，列车即将到达重庆站，请在重庆站下车的旅客整理好行李物品，准备下车……”几分钟后，持续16个小时的颠簸终于结束了。

“小伙子，要住宿不。”

“不用了，谢谢。”

熟悉的乡音入耳将火车上的疲惫一扫而光，我不自觉地扬起了嘴角。“官秩加身应谬得，乡音到耳是真归”大概就是这样一种心境吧。无论你在外面的世界有多大的成就，只有回到了家乡，听见熟悉的乡音，才是真正回到了自己心灵的归属地。离开了重庆，就像侠客离开了自己的江湖，但忘不了的，是江湖的味道。我们，也忘不了重庆的味道

什么才是重庆的味道呢？是淳朴与简单。

众所周知，重庆是全国闻名的美食城市，重庆人是出了名的会吃（指食材的烹饪方法多）。因此，每年都有无数不远千里慕

名而来的食客，只为一饱口福。而一个重庆人到了外地往往很难找到符合自己心意的食物，因为在重庆人看来，这些食物缺少了那种生活的味道，那种淳朴的滋味。老重庆人都知道，在重庆最好的火锅不是有名的“小天鹅”，而是那些不起眼的老火锅。同样，最受欢迎的不是华丽的星级饭店，而是那些隐于市井角落里的没有广告屏没有 LED 招牌的小饭馆，重庆人将它们称为“苍蝇馆子”，他们散落各处，如蚊蝇一般。在简陋而狭小，仅能够摆得下几张桌子的馆子里，食客们撸起袖子，和邻桌的人背靠背地吃着，麻辣小菜辣得食客的额头渗出了汗珠，这时，食客们会回头对厨师竖起大拇指，厨师也擦擦自己的汗，两个人相望着哈哈大笑。在重庆，有淳朴简单的滋味，有淳朴简单的笑语。这是雾都，这是重庆。

什么是重庆的味道呢？是豪放与侠气。

说来引人发笑，在重庆这个充满侠气的城市，很难见到温婉如水的南方姑娘的影子，倒是可以在夜间大排档上看到一口气喝完一瓶啤酒的姑娘。这样的景象，与重庆这座城市所具有的侠气与江湖气分不开。“抓偷儿咯!”在街上这样的一声呼喊，会引得整条街的人一下子动起来。在齐心协力地抓住偷东西的人之后，又是一段令人哭笑不得的骂词，骂完之后又是一段语重心长的教育，直要那人心甘情愿地承认错误为止。说到豪放，又不得不提这吃饭的场景了，汉子从工地归来，脱了衣服搭在肩上，光着膀子就开始吃饭，麻辣的菜肴吃得皮肤泛起红光，且满头大汗，这时候再喝上一口小酒，“啊，巴适。”到了夜晚，小伙子们成群地坐在烧烤摊上，撸着串侃大山。在重庆，有行侠仗义的援手，有痛饮狂歌的豪气。这是雾都，这是重庆。

前年，重庆通过自己的努力发展，成了新一线城市，改变的是落后的面貌，不变的是重庆的味道，这是雾都，这就是重庆。

（本文作者为湘潭大学商学院 2018 级本科生）

小路·家乡·真情

马灵芝

“林花谢了春红，太匆匆。无奈朝来寒雨晚来风。胭脂泪，相留醉，几时重？自是人生长恨水长东。”时光荏苒，光阴流逝，似乎是眨眼间十多年的时光便一去不复返。“同来望月人何处？风景依稀似去年。”时光溜走，自然也带走了许多事物，如人、如事、如记忆……但并非都如古人所说，“今来古往，物是人非，天地里，唯有江山不老。”未随时光逝去的好像还有那埋藏心底的深刻记忆，记忆中有那路、那家、那人、那情。

跨过戊戌年来到己亥年，又是新的一年来临，“年年岁岁花相似，岁岁年年人不同”。我已经在家乡的这片土地上生活了近19年，平平淡淡中不觉岁月流逝。自去年离开家远赴他乡求学，却每每在不经意间想起以前在家乡的日子。记得很小的时候，我还在老家生活，那时候的日子很是无忧无虑。在我家门前原本有一条并不宽的小土路，坑坑洼洼的，每逢下雨，地上不会像柏油马路一样出现许许多多“小河”，反而会出现很多“小湖泊”。如刚好遇上月朗星稀，那里就会盛满了月光。那是一群天真无邪的孩子们的娱乐场所。每次下雨都有一群孩子快乐地去踩水坑，那是孩提时代别样的娱乐方式，每踩一个水坑都会溅起许多泥点子，溅起在脸上染出一只只“小花猫”，溅到衣服上回家后总免不了妈妈的一顿训斥。就是这样一条普通而坑洼的路，却承载着许多童年的回忆。

打我出生起，推开家门便是那条小土路。学走路时，在那条路上留下一个一个小脚印；上学时，每天必定走过那条小路；放学时，在那条路上和小伙伴玩着“踩影子”……在晨曦初照时出门，三五朋友结伴相随嬉笑玩闹；在夕阳西下时归家，带着丝丝疲倦与满心喜悦，欢声笑语留在小路上。春夏秋冬四季更替，我在这条小路边看过春天大西北的狂风黄沙；夏日在鸟声阵阵的绿荫下乘过凉；在金秋时节闻过瓜果飘香；在萧瑟北风吹拂的冬季看过簌簌雪花无声飘落。爷爷总是骑着车沿着这条路带我去枝繁叶茂的果园里，他修剪着枝条以便这些果树能茁壮成长，宛如在照顾一个个孩子。我在一旁扑着蝴蝶，偶尔看着开满花朵的枝头想象着果子成熟时的场景，也曾偷偷留下过尴尬的口水。家里养的小猫咪脾气有些大，我常常严厉地“教训”它，它也常常在我的身上留下几道“血路”，不过多数时候它是我最亲密的伙伴，它总是随我奔跑在这条小土路上。孩提时我在那条路上跌跌撞撞过，磕磕碰碰过，哭哭啼啼过，更嘻嘻哈哈过，体会过喜怒哀乐，品尝过酸甜苦辣。总之，那是一片名副其实的乐土。

八岁之前，我从未想过有一天会离开这个地方，也体会不到离乡的愁绪。然而没多久，我告别爷爷离开老家去往城市上学。那时，许是年纪小，又或者是知道要去的地方离家不太远，能常回来看看，所以我并未感觉到特别难过。跟随父母离家的那天，爷爷叮嘱了许多，偷偷塞给我一些零花钱。年纪越大，人便越显得孤独，看到他这样，我有些不忍离开。临行前一晚，我翻来覆去无法入睡，第一次体会到辗转反侧。出发时，我养了两年多的小猫咪一直跟着我，走上那条路，蹲坐在路边目送我离开。一只猫，在夕阳下拉长了影子，定定蹲坐，偶尔舔舐一下小爪子，孤零零的。等真正踏上那条路要离开时，我心里空落落的，不免泛起一阵酸楚。等到过些日子回来，那条小土路已经不见了，换成了新砌的水泥路，光滑平整，笔直延伸。路上变得干净了许多，为了修路砍去了不少路两旁的参天老树，虽视野开阔了不少，但我又觉得心里空落落的，仿佛失去了很多东西。爷爷说，门前再也没有可以用来乘凉的树了，就连鸟儿也少了很多。

后来，这条路一直保留着这个样子，好像再也没有什么大的变化，给人的感觉干巴巴的，直到现在，让我有种它和别处的路并无两样的错觉。

2018 年夏天，我提着行李离开我的家乡远赴一千多公里之外的他乡求学。踏上异乡的路，我感到从未有过的陌生与彷徨，我不清楚它们通向哪里，也不知道它们有多长，更没有属于我和它们之间的故事与记忆。初来乍到时，举目无亲，人生地不熟，我感到无比地委屈，却找不到可以排遣的方法。纵然过了那么多时日，我已习惯了那里的一切，就算那个所谓的“那里”已经变成了我口中常说的“这里”，我却总在夜深人静时，在人声喧嚣时，在一人独处时，在好友相伴时，在晨曦微光中，在夜幕黎明里，不经意间想起那小路、那家乡，我心中埋藏的真情就会翻涌而来。我始终记得哪里才是我真正的家，哪里是我心中真正的永远不变的“这里”！也终于知道，即便小土路变成了水泥路，但那毕竟是家乡的路，它始终让我感到亲切与慰藉。

“梦里不知身是客”，我们在长大离乡后才真正明白那份不可替代的对家乡的真情，他乡的路再宽再长再平坦，但那毕竟不是家乡的路，那儿没有独属于那个纯真岁月里最纯粹的记忆，那是我一生无法割舍的存在。“人生天地间，忽如远行客”，无论岁月如何流逝，距离相隔多远，永远不忘那路，那家和那情！“一条道，走到黑，归乡的土尘，把我画进夕阳。疏几枚琴钉，三两声呜咽，扯出漫天的相思雁。斜晖慢慢，沉默如烟，丝丝盘旋，束万缕花香于心间。母亲下饺子的热气，蒸开了冬眠的水莲。”

（本文作者为湘潭大学商学院2018级本科生）

故乡遥，去留不曾休

邱宇涵

“试问岭南应不好，却道，此心安处是吾乡。”浮沉喧嚣，静听鸟鸣；长街短巷，市井烟火……

刚下车便急忙背着书包，拖着行李箱，迈着吃力的步子，行李箱小轮的隆隆声也掩盖不住我内心的急切，在这个我快两年未踏足的故土，竟有些乱了分寸。快到家时，望向家门前的那条小巷如昔日般温婉，狭长的小巷透露出古朴的气息，年久失修的青石板，石缝里时不时溅起的小水滴，打湿干净的雪地靴。沿街的店铺，生意照旧，卖糖葫芦的大爷，有力的吆喝声，穿透整条小巷，身边走过来来往往的行人，说着熟悉的方言……如今回来，没有预想的陌生，反而一种麻痒痒的亲切感随之而来。在熟悉周围事物的同时，我不知不觉中，放慢了脚步，轮子的隆隆声停了下来……

细细打量面前的面馆，这是一家经营了很久的面馆，与其说是“馆”，不如说是搭起的简易小摊，干净、整洁。刚走的客人残留的碗筷还摆在桌上，来不及收拾。常年撑起的遮阳伞，在风雨侵蚀中，失去了光泽，暗淡了颜色。也唯有这家店没有经过精心的装修，没有精致的外表，虽显得有些萧条与破败，与街道外的灿烂灯火是那么的格格不入，却也依旧奇迹般地存在了许多年，且生意经久不衰。我径直走了进去，“嬢嬢，二两小面，芝麻香菜多一点，不要黄豆，少辣……”“好嘞，马上就好。”说完连我自己都吃惊何时这话竟也能够说得如此顺畅。放下书包，习惯性地选了一个靠近门口的位置。拿出手机，顺便收集一张照片。不一会儿，老板端上小面到我跟前，愣了一会，皱着眉头像是在思考什么“咦？你是九院家的那女儿？”

“是啊，嬢嬢您反应可不是一般地慢，我都坐这儿好半天了。”我按捺不住内心的欣喜，便打趣地回答。

“这人老了，脑子也不好使了。今年怎么想着回来了？这都从小姑娘长成大姑娘，嬢嬢能不老嘛。”

“哪有哪有，我可是马不停蹄地跑到您家的，我都想念您家的面了。”

“是嘛，也就你还惦记着，说吧还想吃什么，嬢嬢去做……”看着她笑弯的眼睛，留下清晰的缝隙，常年被油烟熏着的蜡黄的皮肤，有那么一瞬间，竟有一种莫名的辛酸不知从何而来。

“那先谢谢嬢嬢了，老规矩，两碗米浆……”

原来，所谓的爱故乡，不过是先爱家门前的一碗热腾腾的汤面……

故乡故乡，愿驰千里足，送儿还故乡。“年少的时候天天想离开，但岁数大了却天天想回去的地方”是白岩松口中的故乡；“一方面拿到未来的通行证，另一方面又要坚守自己的乡愁”是吉狄马加眼里的故乡；“装在背包里，藏在内心”是郑愁予的故乡；“小小的邮票，窄窄的船票、矮矮的坟墓、浅浅的海峡”是余光中的乡愁，写入诗里，埋葬在大陆的江南……文人笔下的故乡散发着魔力，连着细腻的情感，叫人泪眼婆娑。家乡居于重庆，一碗热腾腾的重庆小面，独具巴渝风味的口水鸡，穿越商场的地铁，踮起脚尖也望不尽的高山，绮丽的半城山水，诱人的满城黄橘，如丝带般随意缠绕山间的小路，稀疏的村落，温馨的农舍，倦怠的家犬……所能带来的亲切与踏实，平静如水，每每想起总会泛起阵阵涟漪。掩藏不住内心的幸福与满足。

茶余饭后，闲来无事，走走停停。

重庆，多山多雨多雾多美人。出门抬头便是山，低头便见谷。在冬日里能见暖阳实属不易，回家数日也没能奢侈地见到太阳。这种阴天习以为常，也不觉得遗憾。山间小路被水泥硬化过，平坦了许多，从小路两旁的杂草中依旧可以窥见最初的泥泞痕迹，泛着泥土的气息。四周的竹林，春去秋来，四季常盛。满怀一好心情慢行于此，偶尔听得远处的鸡鸣，小孩的嬉笑声，时不时的锄头入地声。即便是临近春节，也阻止不了人们的劳作，阻止不了人们对泥土的眷恋。我想，不只是艾青，任何一个心存感激之人，对养育他们的那片土地都会爱得深沉。

走过不少地方，到过不少城市，在陌生的城市里，高楼大厦也反射着刺眼的光芒，彻夜不息的霓虹灯，钻石般的闪亮照出最华丽的伤感，旋转的摩天轮，索然无趣地俯瞰着城市的常态，既是繁华的风景，亦是喧嚣的孤独，一切都抵不过难以忘怀的故乡的天空。我曾无数次幻想，多年后，也许我也会随波逐流，离家万里，去寻找一个能够安身立命的地方，说着身不由己的借口。

世人漂泊如江水向东流，无不“享受”着“人生天地间，忽如远行客”的那般无奈，那一列列长长的火车，也将注定成为不停告别的场所，不曾防备的眼泪，都无从解释。

流光容易把人抛，红了樱桃，绿了芭蕉，寒来暑往，故乡篱下菊，今日几花开，能在家看几次花开花落？能推着迷糊的祖母说说笑笑走多远？树欲静，风不止，子欲养，亲不待。漫不经心地老去，没剩几年光景……祖母生于那个目力所及，皆为焦土，普天之下，尽皆赤贫的抗日年代。时局的动荡，饥饿的威胁，她很小的时候便离开家乡避难，生活不是简单地给她冷嘲热讽，而是迫使她跟阎王进行生命的争夺。兜兜转转多年，终是回到原点，来到这片土地也就一瞬间的事，守护着这片土地，却用了她一生的时间。董卿说，“故乡是根本剪不断脐带的血地，断了筋骨，连着血脉。”便也是如此吧。而如今的祖母子孙满堂，儿女承欢膝下，笑得像个孩子，也算苦尽甘来。

用文字来丈量似水年华，只叹故乡遥，去留不曾休，愿我们都能知晓来路，勿忘归程……

（本文作者为湘潭大学商学院2018级本科生）

黄土塬

牛斐扬

记忆中的蓝天下，
是沟壑纵横的黄土高原。
西北的醇厚，
在苍茫中悠然。

父辈们耕耘的黄土，
一望无际的麦田。
锄头翻飞之下，
辛勤一生的血汗。

风吹动麦浪，
映着山坡袅袅的炊烟。
庄稼人一生的劳作，
换来沟壑纵横的侧脸。

幼时爬过的树、翻过的山，
如今枝繁叶茂、翠色昂然。
房前屋后的柴垛儿，
蛛网结满愁怨。

秋后积雨的麦茬，
隐约着蛐蛐的孤单。
蚂蚁搬家的道路，
蜿蜒过我的门前。

窑洞的冬暖夏凉，
书中的梁、峁、川，
一眼望不见的远方，
是我那北方的童年。

老人口中的黄土塬，
曾经千辛万难。
红色南梁，
来了个刘志丹。

红军长征落脚，
把衣钵相传。
革命的星火，
从这里燎原。

代代人的坚守，
成了习惯。
不变的是一如从前，
粗犷厚重的黄土塬。

我没有夸张的赞颂，
没有壮丽的诗篇，
对黄土塬的热爱，
字里行间。

今日的黄土塬，
忆往昔、叹流年。
没了贫瘠，
往事过眼云烟。

今日的黄土塬，
有热爱他的少年。
随祖国巍然，
家国同欢。
（本文作者为湘潭大学文学与新闻学院2020级本科生）

那棵红枫树

杨子欣

先瞧见的是红色的树顶，树很大。在这秋风中，一簇又一簇的红叶跳跃着，好似一团团燃烧的火焰。天很近，也静。有“哞哞”的声音随风传来，我抬头，瞧见了在不远处有一头牛。牛旁边坐着一个女孩，她穿着洗旧了的灰色衣裳，裤子也不怎么合身。看见她，我露出笑来。

“起了起了，天都暗了。”奶奶叫我，原来是梦。我一骨碌爬起来，“奶奶，我梦见你了，你在老家那座山上，还有红枫树。”奶奶笑了，一双深褐色的眼眸，无声诉说着岁月。她说：“下回带你去老家那边。”我憧憬起来。在奶奶给我讲的往事里，老家出现的次数最多，可依旧令我着迷。

奶奶名字里有一个“英”字，所以大家都叫她英子。英子出生那一年，中国正处于解放战争时期。几年后，中华人民共和国成立了，中华人民共和国这个新兴的国家开始在世界舞台上崭露头角，英子也如四万万中国人一般，与这个国家一起踏入了新的篇章。

作为家里的老大，英子早早接了放牛的活儿。她需要每天早上六点去村边的山附近放牛。那时，村里的大人都起来了。瞅见英子这个小不点，让她走路小心些。到了山上，最打眼的还是那棵大枫树。枫树的树干被岁月刻出一道道刀疤似的伤痕，可它的枝叶茂盛极了，红叶炫目。英子最爱靠在树上，舒舒服服。牛在一旁吃草。

英子八岁那年，也就是1955年，她娘抱回来一个小妹妹。英子也要去读二年级了。这一年，全国人大一届二次会议召开，会议通过并公布第一个五年计划。村里时常动员“为实现第一个五年计划而奋斗”。

去学校前一天，英子特意去水塘边抓了一碗鱼，把鱼煮好，她去地里喊娘，可回来鱼和碗都不见了。家里就那么几个碗，娘宝贵得很。鱼是给谁吃了呢？

娘抱着小妹，告诫英子：“娘之前没和你说，读书的钱是借的。那户人家大方，但那碗鱼，我要给他们送去。人要知恩图报。”英子记在心里。

英子读二年级时住在姨家。在学校很快乐，但一年后，她还是回家了。家里没那么多钱，爹最近又伤了腿，英子不能读书了。临走前，她把书包洗好，送给了姨家的小弟弟。姨叫住她，给她塞了两个鸡蛋，叫她路上吃。

日头渐渐起来了，天热，路上的人也不多。英子眼尖，看见了一个破布袋子，忍不住想起小妹。刚见小妹时，她也是被一个破毛毯包着的。英子忍不住打开袋子，里面会是什么？一片红红绿绿，细数起来，竟有十五元四角五分。要交给警察叔叔。可是，有了这钱，就可以继续读书了。小妹没有母乳喝，一直喝着百家奶。这钱可以买点奶粉，或者弄点米糊糊也好啊。还有爹的腿伤……这钱？不、不可以。娘从小就说，不是自己的东西不能要。这钱，必须要交给警察叔叔。

十八岁时，英子在爹娘的安排下结婚了。婚后，她在生产队出工。1965 年英子任村妇女主任，带领老人和小孩在村里务农。那时，毛主席提出，将医疗卫生工作的重点放到农村。英子的工作在城市医药卫生技术人员和行政人员的帮助下，轻松了很多。村子里的荒地少了，青壮年多了，粮食产量也更高了。

日子往前走，英子有了三个孩子。小儿子四岁那年，眼睛出了些毛病。英子不忍心，想着大儿子、二儿子也有十多岁了，于是把家里的事交代好，带着小儿子去了县上。不曾想，家里出了大事。两个儿子，在家门口的塘里淹死了。原本他们两个是打算去塘里洗澡的。下水前，还把衣服洗好放在了家边上。可下去后，两个人就再也没能上来。英子坚强了十多年，但到了夜里还是落了泪，可是眼泪要抹干。

那时是 1973 年，县领导了解了他们家的情况，特来慰问。考虑到英子工作上一直奋勉，最近家里又发生了这样的事，于是把她调到了县里的一个轧钢厂里，刚好让英子和她丈夫在一起工作。英子感激极了。先是临时工，两年后英子转正，一个月十八元工资，五元给公婆，五元给爹娘，剩下的八元留作生活费。厂里的工作辛苦，英子白天上班，晚上挖防空洞。有时一天只睡几个小时。厂子跟着国家政策走，效益越来越高，员工福利也提高了。改革开放后，厂里的福利越来越好，已经是县上数一数二的大厂了。像英子这样勤恳的甚至还有旅游的机会，但英子总不去。她不放心家里，也舍不得加班费。

过年时，英子和丈夫带着儿子女儿，提着大包小包去老家拜年。近些年，村子里很是不一样了，矮房变高了，道路更齐整了，夜里，也有电灯照明，有几户还装上了电视。爹娘老了，平时的农活做不了那么多，但生产技术有所提高，所以一年忙碌下来，收获也不少。小土山平了，那棵枫树也不见了。英子有些失落，枫树应该是走了。

日子如白开水般流淌，英子渐渐老了。在中国共产党的领导下，我们走上了富裕的道路。英子在工作岗位上光荣退休。随着社会保障制度的完善，英子的养老金也逐渐提高。

她有了几个孙女，逢年过节，家里总是热热闹闹的。偶尔，英子会想起以前与枫树待在一起的日子。英子喜欢放牛的日子，小小的她靠在枫树上，和牛一起思考那些云朵也未能发现的问题。早些年过年那会，她喜欢吃肉，但筷子从不沾肉。现在，她肉不太爱吃，时不时还会嘟囔着自己又胖了。她喜欢上了旅游，还想去老年大学试试。

前几天，赶上了冬日里难得的好天气。奶奶带我们回了趟老家。早上八九点，大路上车水马龙。到了村子里，路两旁是新建的居民楼，后边还建起了独栋的小别墅。人们在新房子上很是花了一番功夫，远远看去，倒是形成了独特的风景。最后，我看见了一棵陌生又熟悉的枫树。它没有消失，兜兜转转，又回到了最了解它的地方，继续生长下去。

今天，奶奶又翻出了毛线，正为我织着明年过冬的毛衣。

（本文作者为湘潭大学商学院2019级本科生）

满目山河，秦川百里

吴心怡

我记得我总追不上你，因为没人能追得上你；你的迅捷像一闪的光，脚上长着小小翅膀。不过有时你给我奖励，那就是眼睛的莞尔，你胸前的红玫瑰，或者，一个快吻的甜蜜。

——王尔德《玫瑰与芸香》

这些都是你的一部分，白乌鸦象征着光明与带来希冀的救赎，而你则冠与了美好另一重释义，是春日的野草与百花，是夏日的烈阳，是秋徙的雁，也是冬日纷飞凛冽的雪与漫天星光。世人热爱你的千姿百态，而我则默默感受、记住你的美。

自北而南，秦川百里，风光无限。

孟浩然曾登高楼，豪情壮志挥洒文采，写下千古名句“春风得意马蹄疾，一日看尽长安花”；李白曾苦于路途遥远，难于奔波，相思之意淹于唇侧，叹息道“天长路远魂飞苦，梦魂不到关山难”；亦或是“秋风生渭水，落叶满长安”的独特景色。

我沉声低念你的名字，字音起落跌进舌尖轻点上齿，呼吸抑扬自肺腑徐徐荡出，将要落地却也是舍不得了。

我企图用匮乏的文笔、深沉的思念去细数我回忆中的你，明明思念百般绕肠转出直至笔尖，却也只能说出一二罢了。

自北而南，秦川百里，人间烟火。

倘若说起吃，我的家乡亦是不输其他省份的。春日桂花盛开，香味蔓延则有桂花稠酒可以一饮，入口顺滑香浓，连带着桂花和大米碰撞混合的味道令人回味无穷；夏天酷暑难挨，一碗凉皮带着黄瓜的清香与辣椒油的炽热，让人在夏日里拥有一次独特的味觉体验；秋天丰收，代谢提高的同时对食物的要求也逐渐提高，肉夹馍开始活跃展现它的身影，一口下去，那肉香能让人在秋季拥有最幸福的感受；冬日气温下降，排队去吃羊肉泡馍的人络绎不绝，一碗羊肉，亲手撕的馍馍，泡好一碗，一口下去滚烫的香味瞬间暖了整个冬日。

这些都是你的一部分，雏菊象征着朝气与快乐，而你却赋予了温暖另一种方式，纵使世间万般美好，不过一碗人间烟火，最抚凡人心。

自北而南，秦川百里，灯火可亲。

这里的人亦是可爱的，素有陕西十大怪的特点。无论是像裤带的论根数面条的朴素大气，还是油泼辣子也能做成一道菜的豪爽洒脱；无论是盆碗不分家的好热闹性格，还是不坐椅子反蹲着的畅快放松；无论是陕北秦腔的气势，还是陕南小调的温婉。

这里的人亦是可爱的，豪爽洒脱是他们最大的标签。

这些都是你的一部分，木槿花象征着朝开暮落的回归，而你则赋予了归属感更深的含义，纵然外界风光无限，不敌家乡灯火可亲。

想念清晨汉江边晨练的曙光，想念陕南茶叶的独特清香，想念肉夹馍一口下去的充实感，更想念家乡的人。

我是个俗人，见山不过是梵戴克棕，见江河便是普鲁士蓝，秦岭上的落雪不是利休白茶，穿过城墙投射的落日余晖不会是勃艮第红，静邃的旷野也不见得会开出玫瑰花，要我还有半分的犹豫和踌躇，也一定是怕不能再回到家乡。

我短暂的鼻息也只能这般笨拙地纪念你、思念你。

（本文作者为湘潭大学环境与资源学院2019级本科生）

澧兰沅芷盛，城头稻花香

陈金凤

生于澧水之北，长于洞庭之南，澧县这个名不见经传的小城因为一座古城址的出现而浮现于人们的脑海。城头山遗址，拥有着世界上最早的古稻田，在外人看来是中国最早古城址的古城，于我而言，是故乡的代名词，更是祖祖辈辈繁衍生息的生活栖息地。

走进那片山，体验到的是一种不同于现代快节奏的慢生活。

城头山不算大，但逛完也得费上一天（当然，是观赏游玩时，学术研究可能耗时较长）。所谓人闲车马慢，这大概就是当地人的生活状态吧。人们总爱邀三两闲人，去城头山的草地上坐坐，享受暖阳春草，拍拍风景，拉拉家常。没有过多的现代仪器或高科技设备，更多的是遵循古人的生活轨迹。茅草屋、玉米棒、耕地的老牛……置于此地，游人也无意于刷手机，去窥探繁杂世界中他人的生活碎片，而是享受当下的古朴与平凡。正如暮色中的澧县，一边点火一边冒烟，一去二三里，烟火四五家，谁家“砰”地响起爆米花出炉的巨响，一群顽童放下玩心争相回家……

走入那片田，泛起的是儿时的回忆，也是如今离家游子的缕缕牵绊。

城头山里的稻田，诉说的不仅仅是千万年前祖先们开荒拓土的故事，更是当今许多澧县人父辈、甚至是祖辈们勤勤恳恳的一生。我便出生于这样一个靠土地吃饭的家庭。儿时被祖父母赶去帮忙干活的场景仍然历历在目。

尘灰满面，割稻收谷，是我最不乐意做的事，如今回想起来，却是童年无法抹去的回忆。出门在外的游子总能轻而易举地回忆起家乡的鸡毛蒜皮，从热腾腾的牛肉粉到最讨厌的邻家小弟弟，到最后，终于发现，故乡里的人人事事都离不开那片耕耘过的土地，每一帧嬉笑怒骂都总有一片金黄稻田做背景，回忆起家中爷奶也总想着他们是在哪一亩地里。

走进那群人，看到的是先辈们面朝黄土背朝天的身影。

耕作中的铜塑农人，是那一个脸庞黝黑好似当初的父亲，又或是那一个身躯佝偻像极了从前的祖父。漫步城中稻田，每一个曾历农事的澧县人都不免暗自揣度这样的问题，仿佛回到孩提时代，大人们在田间劳作，自己估摸着什么时候可以溜走一般。

可祖辈们热爱这份土地，希望后代可以承续下打垄种苗的手艺，子孙们却满心热血，一心奔赴更广阔的天地。等到风筝脱了线，心下才明了放不下的那份牵绊，总想飞回到那生养自己的地方，哪怕它只是一个泥水相融连空气中都弥漫着质朴气息的小县城，却也是我一心想回去的家乡。

纵使也有过少年心事当拏云的轻狂，有过追逐诗和远方的豪情，但兜兜转转，却依旧想回到那个不大的县城，重拾那份走到哪都能遇到熟人，夜幕黄昏向光疾行的归属感，逃不过一句——此心安处，是吾乡。

（本文作者为湘潭大学商学院2020级本科生）

家　国　篇

神州涅槃，巨龙扬帆

家国情怀如同一条奔腾不息的情感长河，它始终贯彻于中华民族栉风沐雨、砥砺奋进的历程中，流淌在炎黄子孙生生不息的血脉里，激荡着14亿中华儿女真挚的情感和价值的共鸣。本篇有18个叙写家国之情的故事，作为新时代的青年，他们始终不忘对家人、家乡、家国最热忱的爱，以更积极、更主动的姿态，去实现自己的价值，去创造这个国家最靓丽的风景！

沙·海

杨梦欣

（一）缘起

总忘不了记忆中那片沙海。

那年，我2岁，在那些电脑还没有普及的日子里，爷爷经常抱着我，带我在屋门前的泥巴地边玩沙。十多年过去，小区发生了翻天覆地的变化：地铁口近在眼前，柏油路平坦开阔，篮球场、自助快递机、磁感应门禁、高清电子监控一应俱全。时代的车轮正滚滚向前，时间的浪潮亦不断翻涌，湮灭了父辈们踏过的泥巴地，抹去了祖辈们抚摸过的土砖墙。而我，再也找不到屋门前的那片沙堆。但那双稚嫩的小手扬起的一抔抔砂砾，却已深深地烙印在了我的心中，融入了家乡的这一片土地里。

20世纪60年代初，国际形势十分紧张，中苏关系恶化，边界摩擦不断升温，美国则对我国虎视眈眈、公然挑衅。面对美国的核威胁，为了保卫国家安全，维护世界和平，毛泽东等中央领导人提出了我们自己造原子弹的计划。因湖南宁乡县（现宁乡市）黄材镇有铀矿，在经过长达五年的前期工作后，1963 年 8 月，湖南六矿在黄材建设起来，尔后，更名为“国营七一六”矿。

现在，七一六矿的故事仍在大人们的口中流传，而我，则是听着七一六矿的故事长大的。

（二）循故

社区的陈有根爷爷回忆，“1964 年 2 月，我和你爷爷从部队转业，来到了七一六。当时每个来七一六矿工作的人可不简单，都需要通过政审，技术过硬、根正苗红才行。我是搞测量的，而你爷爷是采矿的，同屋住着的还有从事物探的、化学分析的同志。刚到的时候，我们没有宿舍，就借厂房住，同志们一起打地铺、睡地板。我们那个三十平米不到的屋子，住了将近二十个战友。一下工，我最喜欢和你爷爷一起去村子边的小河洗澡。吃饭的时候大家端着碗，蹲在老百姓晒谷子的坪子里，有说有笑的，其乐融融。那个时候没有现在这么先进的仪器，也没有任何机械化设备，我们测量队就是靠一根尺子一个圆规，用土办法测量，而你爷爷和其他矿工们则硬是凭着双手两肩，打眼、放炮，再打眼、再放炮……完成了露天基地的施工。即便是那样，当时我们一个人的工程量却达到了 3.7 立方米，近 4 立方米的作业，而 1 立方米的土要挑满满的 36 担啊……就是凭借着洋镐、锄头、扁担等简陋工具，露天矿床，在短短 15 个月内便被成功开发，完成了基建剥离 11.54 万立方米，用血肉之躯为矿区投产按下了加速键。”

奶奶则告诉我：“七一六矿刚刚建设的时候，你爷爷的单位在黄材矿区，我在衡阳这边，和你爷爷一年都见不到几面。1965年10月，七一六矿才正式建成投产，到20世纪80年代，才形成了五大矿区。就是在这个建设浪潮中，我生下了你的大姑母、父亲、小姑母、叔父。虽然你爷爷在单位工作，很少能陪伴我和孩子，家里也很少有你爷爷的音信，但是我们一家都以你爷爷为荣。时隔多年，现在回忆起来，我仍然觉得一切都值得，我很骄傲。”

1964年10月，我国第一颗原子弹成功爆炸。该消息传回七一六矿，大家都欣喜若狂，深感自己肩膀上肩负的是保家卫国的重任。这之后大家都更加努力地工作，使得黄材这个曾经偏僻落后的小山村，随着矿区的发展而逐渐繁荣了起来。七一六矿建成之前，当地的汽车还十分稀少，1960年时全县汽车加起来也就只有70来辆。但七一六矿建成后，成立了自己的运输车队，200多辆车组成的汽车车队在县道上川流不息，令当地人羡慕不已。“记得当时食堂开饭的时候，可以吃到大白馒头和白糖冰棒，当时的文化生活，也只有七一六矿才有电影看，每个星期两场。那时候我都是很早就去占位子看电影的。”社区姜志强叔叔每每说到矿区的生活，脸上总是挂着怀念和欣喜的笑容。

（三）变迁

在那些辛酸的日子里，工人们没有一个打退堂鼓，而是焚膏继晷、兀兀穷年，使得七一六矿逐渐发展壮大。爷爷他们，就如同一粒粒的沙子，虽然渺小，却也聚沙成塔，完成了国家交代的任务。

可惜好景不长，随着国家将工作重心转向经济建设，核原料的需求开始减少。1984 年，七一六矿进入了军转民改革阶段，数千名职工失业，不得不另寻生路。1990 年矿山进入了退役治理阶段。1994 年因铀矿资源枯竭，七一六矿闭矿退役。听社区张荣国叔叔说，当时职工家属们，特别是一些农转非的家属，老头子就自己卖面条，其他人就到田里去捡稻穗，挖当地村民落下的花生、红薯，靠当地民众和政府的接济生存。七一六矿，随着国家重心的转移，也就淡出了历史的舞台，退出了人们的视线。

经过很长一段时间的惨淡经营，七一六矿终于在 1996 年被列入国家“九五”期间三线调整搬迁企业的名单，并将搬迁地定在了长沙市望城坡经济开发区。“当时搬迁地的平均房价是 620 元 1 平方米，除去大家集资到的 1400 多万元和国家补贴的 1000 万元外，仍然有 2400 多万元的缺口。那个时候说要搬迁长沙，但谈何容易啊！”张荣国叔叔回忆道。当时大家也只能咬紧牙关，帮村民干活，到林场伐木，这才把房子的首付凑齐。一直到 2002 年 10 月，七一六矿 648 户职工家属才全部搬迁完毕，而我也在这一个月跟随家人来到了长沙。

（四）回响

七一六矿，历经了辉煌，也经历了黯淡，最终安定了下来。但是故事还没有结束，中国核工业的奋斗故事还没有结束，七一六矿人的故事也还没有结束。这些故事，不管多远，亦不管多久，它们都不会消失，它们就在那，在我的心里，在每一个七一六矿人的心中……

春节之际，爷爷职业病复发，如今正躺卧在职业病医院的病床上，已确诊为尘肺。爷爷那双曾经裹住我的双手，已皱纹遍布，那曾经的青丝，已成白发，那曾经为矿区建设的身躯，已然消瘦。爷爷虽然老去，但是他的精神，他们那一辈的精神，必将流传。

现在回想，如果当年七一六矿的矿工们缺少了那一份勇气，缺少了走下去的信心，或许，中国的原子弹还会晚爆炸几年。但是他们，纵然渺小如沙，却亦能横冲直撞、聚沙成海。纵然一穷二白，却亦能筚路蓝缕、披荆斩棘。

放眼当下，我们这个民族，便是由你由我由他这一粒粒小沙子，汇聚成这一片中华大沙海。这片沙海，虽看似平静，却也暗流涌动，一颗颗砂砾正不断沸腾着，终有一天，必将翻滚出滔天巨浪。

（本文作者为湘潭大学商学院2018级本科生）

准备好就出发吧

张　慧

“不早了，一会儿天该黑了，走吧。”她理好鬓角的头发。“好……准备好就出发吧。”父亲轻松地说。

我听着他们离去的声音，站在门前怎么也迈不动脚，只能目送车影消失在眼前，最后归于沉寂。

大年初二的日子，本该是笑语声声、鞭炮啪啪、喜气洋洋的日子，因新冠肺炎疫情，大家都待在家里不出门，村里的喇叭喊着防疫相关事项，一遍一遍，不知疲惫。

腊月中旬就和父母回到了老家，那时候也未曾料到会度过这样长的寒假，也没料到初二母亲就要回去上班。她不是医生护士，她只是一个在超市工作的普通人。为供应市民生活必需用品，疫情期间超市不关门，母亲一听说要上班，就毫不犹豫地收拾东西准备回去了。我和爸爸吓了一跳，心里有许多顾虑，市中区是人口最集中的地区，超市人流量又这么大，我们不能不担心。可是看着母亲坚决的样子，我只好赶紧把家里仅剩的三十多个口罩都给她，让她千万记得好好戴口罩、好好洗手……我像她从前絮叨我一样对她千叮咛万嘱咐。也就一会儿的工夫，母亲就收拾好东西（其实也就是些换洗衣物），就准备出发了。父亲欲言又止，平时就疏于表达的他这次也没能说出什么动听的话语，只是说了一句“准备好就出发吧”。

父亲的冷静支持给了我一颗定心丸。是啊！超市的情况远远没法跟疫情前线的危险相比，朋友的母亲是护士，她对她母亲上班的选择也无比支持。疫情下的医护家属都能给予全心的支持与信任，看着母亲坚定的双眼，我们又有什么理由不支持呢？即使我们只是芸芸众生中的一人，我们也可以给最爱的人支持和鼓励，即使是普通的一人，也可以为大家带来些许的便利，贡献自己微不足道的力量。此时此刻，能够回到岗位上工作的人，都给我们传递着温暖与力量。星星点点，终将汇成璀璨之光照耀我们每个人。

送走了母亲的父亲，并没有表面上看起来那么轻松。三四天过后，晚饭后他独坐在桌边喝酒，嘟嘟囔囔地说着旁人听不懂的话，我见他偷偷低下头抹了眼泪，他把说不出的不舍与担忧都深埋肚里，只在夜里与酒诉说。也许是酒劲太大，也许是相思难除，夜里他不停地给母亲打电话，絮絮一通后才安心睡去。从未见过父亲这样子的我，心被触动，颤抖不止，好像对爱有了新的解读，又或者什么别的。

每隔几天母亲就会传几个视频，透过这个小小的屏幕，我们看到了母亲满足的笑容，也看到了超市里戴着口罩的人们购物的场景，比平时稍显冷清，却并无冷清寂寥之感。熟悉的笑容和依旧充足的食物，大爷大妈们还是活力满满，定要在菜架和鱼柜台边挑出最好的菜和最新鲜的鱼，谁看到不会露出个笑容呢？

渐渐地，又有许多消息传来……山东寿光捐赠蔬菜支援湖北、山东一千余人的医疗队援助湖北、山东研究出新型冠状病毒快速检测试剂盒……一则则振奋人心的消息传来，内心激动又感动，这就是我爱的城市，这就是我所在的山东，这就是我身边的山东人。我们不光有孔子、孟子、李清照、辛弃疾这些家喻户晓的历史名人，还有更多的朴实热心的山东人！这座城里生活着千千万万像我的父母一样的普通人，他们是菜农、是工人、是商人、是医生、是护士，是无数个挺身而出的凡人。

每座城市都有自己的体温，山东的温度，不像火焰炙热，更像冬日暖阳，驱散阴霾。扎根在这座城市，我感受她的呼吸，感受她脉搏的跳动，感受她血液的流动，一刻不歇。此刻不仅是山东，为暖一座城，为暖我们的国，每个城市的温度都是那样清晰可感——那是火焰，那是温热的水、那是暖暖的蛋糕……这个冬末春初，竟如此温暖。

一切向好，2020 年伊始的所有，多少心酸、多少感动，都潜移默化地影响着初褪稚气的我。“没有从天而降的英雄，只有挺身而出的凡人。”苍翠立少年，荆棘练行者。少年啊，踩碎那迷茫，总有一天我们要长大，在平凡的日子里怀抱着善良，用爱去发光发热。我要像母亲一样，像此刻的千千万万人一样，守护我的家人，守护我的城市，守护我的国家。既为生活感动，也为远方尽绵薄之力。那此刻，还弱小的你我，汲取营养去成长吧，如果准备好了，那就出发吧！

（本文作者为湘潭大学商学院 2019 级本科生）

献给国家的那五年

张琎煜

他曾站在门岗里见过一月凌晨三点钟飘着雪的黑夜，他曾倚在枯木旁摸着五月大兴安岭林被大火肆虐的焦土，他曾坐在飞机上看到九月原野田地的满目金黄，他曾拿着手机给爸妈看十二月的雪下的有多美……他跨越两千多公里的距离来到这座北纬 50°的小镇，他人生中最美好的五年青春和对祖国最深沉的爱都留在这里，留在林区和火场里，留在门岗和防护服里，留在一步步七十五厘米里。

没有谁对祖国的爱会高于一个将生死置之度外的军人，没有谁对家的爱会高于一个将父母的照片藏在胸口的儿子。

这个对国家和父母都爱得深沉的男人是我的高中军训教官，是光荣而伟大的中国森林武警部队中的一员，也是一个操着一口四川普通话，身材不算高大的四川娃子。他参与了我高中的开始，也在我高中即将结束的时候给我的心里埋下了一颗渴望参军报国的种子。

他和他们的故事若是放在电视上想必也能让一些姑娘流下心疼的泪水。初次见面时，他们是一批带训的上等兵，穿着整齐的迷彩、踏着整齐的步伐向我们跑来，自此我们与他们的人生便有了交集。带有浓重口音的川普成了他被同学们打趣的点，在这片土地上生活了十几年的我们并没有怎么见识过这样的语调。他的能力很强，无论是走队列还是整理内务，都是一把好手，相较于其他教官也更加严肃正经，每每到了晚上的学习时间，总是不厌其烦地跟我们讲英雄的故事，讲爱党爱国的必要性。那时的我们倒也乖巧地听他讲完，却也从不把他的话放在心上，直到他给我们讲他在林场里的一些事，同学们才提起兴趣听他讲那些关于森林武警的故事。

我们这里是大兴安岭和呼伦贝尔草原的交界处，草木多，风大，天冷，春夏很短。每每四五月草木回春的季节和九十月叶落飘零的秋季，都是他们防火的重点时期，涂着橙色涂料的直升机载着他们飞在空中巡视着这片充满生机的土地，哪里有烟，哪里有明火，鹰一样的眼睛不敢放过任何一个可能的着火点，毕竟林火一起便是燎原之势，一发不可收拾。他说每当这时他都感受到这片土地与众不同的美和一种让人为之自豪的责任感。瞧，这片土地是我们守护着的！尽管这片土地上的人操着的是一口与他不同的带着大碴子味儿的东北话，他也愿意为了这片土地奉献自己的青春年华。

他说他曾在十一月的深山里驻守过，在铺满积雪的地方巡逻，险些掉进了沟里，那积雪能没过一个人的腰，但很幸运地发现了五六个在山脚下堆了枯枝点火烤手套的孩子，发现时他们正围着小火堆啃着从包里拿出来的冻梨。他说幸好，幸好这火是在没有燃到别处的时候就被他们发现，不然在这满是枯枝的山里，一旦火苗起来后果不堪设想。

他说他三年只回过一次家，妈妈做的兔头特别好吃，等我们去四川玩，一定记得去吃兔肉。他说他很羡慕我们每天都能回家吃妈妈做的饭，而他当兵的前两年只能每周末给家里打几个电话。他很少说想家，但我们从他和男孩子比赛做俯卧撑时从口袋里掉出来的照片看出了他对家始终如一的牵挂。

最后一次见他，是在新闻中，那是2017年的春天，我高三。我们附近一个山林发生火灾，起因是林场的锅炉工将没有灭掉的残渣倒在了草地上，火星点燃了枯枝和草地，点燃了整片山林。火势凶猛，周围的森林武警都去了，东三省全体武警警备，准备支援。他自然也是去了的，和他的战友们一起，带着简陋的设备冲进了火场。

这是我人生中永远难忘的一场大火，超市免费把面包、饼干和水捐给火灾现场的战士，各大单位调集青壮年协助灭火，政府征调各种车辆运送物资和人。由于设备不够，他们只能一手用东西捂住口鼻，一手灭火，大火烧了不知道多少天，天上飘起了雪，雪花和火场一起考验着那些青年人们。火灾范围太大，前一天上去的战士们没有了补给，新的支援者便在焦土上徒步几十里地上山送物资，顺便替换下上一批人员。大火扑灭了，但战士们的脚上一个泡挨着一个泡，他们依靠在焦木上或战友身上睡得横七竖八，脸上熏得漆黑，只能看到白白的眼球和牙齿……这是一场众志成城的灭火，是一场舍生忘死的行动。他和千百个像他一样的人奋斗在一线，而我们这些“文弱书生”却只能通过朋友圈、视频、新闻报道或小道消息来了解他们的近况。

这件事后，我们也少有联系，只知道火灭了，国家的损失很大，他很安全。在下士服役期满之后，他也回到了他日思夜想的四川的家。这个时代，更多的人每天在为自己的小家忙忙碌碌，以为赚了钱，给了家里就是关爱。但也有很多像他一样的人，将青春献给了国家，每一天都在为这个“大家”的安定和平保驾护航。

（本文作者为湘潭大学商学院 2017 级本科生）

祖父的摘抄集

黄芷唯

祖父一个人在书房里写写画画着什么。虽视力模糊，耳朵也早已听不见什么声音，但他日复一日地坚持着。

祖父的一生也算称得上丰富。家境贫寒，小学未曾毕业。年轻时入伍，参与了越南战争，历经生死。也经历了百万大裁军，参与国家建设，最终回到了自己的家乡。祖父年近八十依旧腰杆笔直，每日自己整理自己的内务，还在小区旁开垦出一片空地，提供了我们一家五口所需的新鲜蔬菜。这不由得令人敬佩。

又是一个平常的下午，我刚吃完午饭，慵懒地蜷在沙发上。无聊的电视节目使我产生了些许困意，于是准备小憩一会儿。祖父从书房里走出来，慢慢地走到我身边。“孙女，你来帮我看看这几个字怎么读。”祖父递来一个用黄纸做封面，用棉线仔细装订好的厚厚的册子。我双手接过，册子触摸起来是一种保存得很好却也翻阅过多次的触感。“爷爷没读过几天书，也没学过拼音，你就找一些替代字来教我吧。”我低头看了看那些标注过的字，不算简单。我仔细地将同音字标注在旁边，也渐渐明白爷爷所写为何。

我继续翻阅这本册子，里面有长短不一十几篇文章，内容都围绕着我们的家乡——湖南长沙：从殷商时期到抗日战争，再到如今，长沙的经济文化的发展，城区范围的变化，重要的山峰与河流，以及在他这一生中经历过的重大事件的详尽记录。爷爷文化水平不高，也不会使用任何通信工具。难以想象，字也认不全的祖父是如何在一本又一本书中翻阅到这些历史资料，然后编纂成册的，又是怎样一笔一画地将这些书写出来的。祖父还精心地为这本册子取了一个名字——“一带一部”。“一带一部”是习近平总书记视察湖南时提出，湖南要发挥作为东部沿海地区和中西部地区过渡带、长江开放经济带和沿海开放经济带结合部的区位优势，抓住产业梯度转移和国家支持中西部地区发展的重大机遇，提高经济整体素质和竞争力，加快形成结构合理、方式优化、区域协调、城乡一体的发展新格局。我不由得感慨，一位八旬老人也如此关心着家乡一天天的变化。

祖父见我对此有兴趣，便与我聊上了几句。“你看这一本，不仅仅只是文字也有图画，长沙城内的水路、旧城的范围，我都在上边画了图的。”祖父一边说，一边为我翻着册子。图画得虽算不上精致，但也是看得出用心的。沿着他所画的图我能够大致回忆出沿河两岸有什么建筑，有什么风景。祖父继续给我指出这本册子上的闪光之处。有岳麓山下埋的忠骨，有解放前与解放后洪灾救助情况的对比。所写均为他的亲身经历，这让我更加觉得感同身受。

祖父接着又拿出了几本，分别摘录了我国的著名人物，重要的历史典故以及中华人民共和国成立以来的重大政策，还有一本是他的养生心得。每一本都用同样的黄纸仔细包好，亲自扎孔用棉线装订。一本本看下来，不禁感叹祖父的定力。

我细细地翻阅着，不禁心中暗自感慨，自己的确做不到这些。爷爷的学历不如普通人，却做了一件不普通的事。

我合上摘抄集，心想，是怎样一种情感才能让他如此坚持日复一日地在各种书籍、报刊、杂志上整理出有时间规律，分门别类的，这一本本摘抄。

这便是那所谓的家国情吧！如今，很多年轻人忽视了、忘记了自己的根，忘记了自己身为中华儿女有朝一日拥有了独当一面的能力后要报效祖国。祖父年轻时在军队里为国征战，到如今也在关心着国家的一点一滴。我不禁对自己也有了一些反思，少年时的我，每次升国旗时都会有热血沸腾的感觉。而渐渐地，功利的心理使我淡忘了最初的信仰，忘记了自己的初心。作为年轻人，我们理应站在冲锋陷阵的最前端；现在理应是我们最有热血最有激情的年岁，但情况并非如此。而祖父真的给了我很大的触动，他是真正把爱国爱家埋在了心底，不为做给别人看，只为心里的那一份心安。

我怀着一丝敬意走到祖父的书房，将这些摘抄集归还给祖父。祖父的背影依旧如军人般笔直，仿佛岁月未曾留下什么痕迹。他仍伏在桌上写着什么。我将这些册子轻轻地放在他书桌上。他朝我微笑着点了点头，然后继续他的摘抄。

今后，要多来祖父的书房逛逛了。

（本文作者为湘潭大学商学院2017级本科生，现为湖南省长沙市开福区捞刀河街道凤羽村书记助理）

寄给祖国一封家书

任秋池

亲爱的祖国：

您好！

我是您怀抱里十四亿孩子中那不起眼的一个，我现在坐在昏黄的灯光下，饱含深情，给您写信。原谅我文字功底尚浅，唯恐词不达意。今年是您七十岁的生日，在您七十年的光辉岁月中得以略窥二十年的风采，实属我之幸。在此送上一个稚嫩孩童诚恳的祝福，愿您不改昌盛繁华，且行且高歌。

我时常感叹您悠久的历史和灿烂的文明。五千年的岁月沉淀，造就了您与众不同的风貌。中华文明在这片土地上播种、发芽、结果，代代繁衍。在这片神奇的土地上，果敢而务实的华夏民族走出原始社会，建立封建王朝，又消灭帝制，走上了中国特色社会主义道路；在这片神奇的土地上，勤奋又智慧的华夏祖先发明了造纸术、印刷术、火药、指南针，发展了先进的冶铁技术、丝织技术、制陶技术，创作了大批文学、数学、农业、历法的著作；在这片神奇的土地上，胆大又细心的中国人创造了属于自己的哲学、文学和思想……

我时常感叹您铁骨铮铮的意志和不屈的精神。一百多年前，侵略者的铁蹄践踏了祖国的河山，掠夺我们的珍宝，滥杀我们的同胞，企图消磨我们的意志。可是无论是何种威胁、何种折磨，您从未发出过一声喊叫，从未表现出一丝的屈服。1842—1949年，那是灾难的一百年，我们的文明从未遭受过如此的迫害。山河破碎，百姓流离失所，我们的土地遭受贪婪的瓜分和抢夺。但是祖国大地上也涌现出了许多的不凡之辈，他们是您养育出来的儿女，他们用身躯、用血液、用头颅、用尽一切来保护您免受他人践踏。想起这段历史，我辈时常热血沸腾，也热泪盈眶。

我时常感叹您对每一个子女的爱，对您怀里每一寸土地的爱。我的家在湖北襄阳，一个靠近汉江的小城市。我的家乡也有辉煌的历史，也存留了许多名胜古迹和名人踪迹。可是我的家乡也曾没落，也曾潦倒，也曾历经辛酸。听老一辈人讲，过去的家乡，街上没有一条像样的水泥路，有的尽是坑坑洼洼的泥巴路；过去的家乡，路边没有一栋像样的楼房，有的只是破砖烂瓦堆成的土房子；过去的家乡，没有一处像样的公园供游人玩耍，有的只是成堆成堆的土堆和散发恶臭的河水。在他们小的时候，家里都很贫穷，吃糠咽菜，有了上顿没下顿，常常衣不蔽体，食不果腹，得了病也无从治疗。几十年的发展，现在我的家乡有了四通八达的马路和高速公路，城市里建起了一座座高楼大厦，乡村里建立起一批批公园和景区。我的家乡逐渐富裕起来了，吃饱穿暖早已经不是梦想，完善的医疗保健体系也建立起来，人民安居乐业。难以想象，我的祖国，还有很多像我的家乡一样的地方，是怎么在短短几十年里就发生如此之大的改变？您总是对每一个子女都那么仁慈，为每一片土地都带来希望。我的家乡，千千万万人的家乡发生了翻天覆地的变化，我，还有千千万万和我一样的祖国的子女，生活都一天比一天好。您对每一个子女、每一片土地都一视同仁。哪一个儿女遇到了困难，您总是能伸出温暖的双手，帮助他们走出困境。汶川大地震，使多少人们失去了生命，面对自然灾害，您并没有被它那惊天的气势吓倒，而是带领您的其他儿女们一起去抗震救灾，号召大家给汶川送去衣物、棉被、粮食等。终于，我们战胜了困难，使灾区人民重返家园。台湾遭遇 50 年难见的“莫拉克”台风，巨大的洪水淹没了他们的家园，多少人无家可归，是您带领着其他的儿女去帮助他们，给他们捐献物资，为海峡两岸的同胞架起了一座爱心桥，通过这座桥使两岸人民的心团结在一起。

祖国，您之于我一如甘霖之于久旱、故土之于游子。无论我走到哪里，无论我身在何处，我永远都是您怀里那个稚嫩的孩子，仰望着您。我愿作一株青苔，蔓延至您的脚边，一睹您的风华，喜不自胜。

祝您

国运昌盛！福运连绵！

任秋池

2019 年 2 月

（本文作者为湘潭大学商学院 2017 级本科生）

家是个动词

刘杨乐天

“世界上发生的许许多多的事情，幸福、苦难、拒绝、祈求、拼搏、隐退、牺牲、逃逸、战争与和平，所有这一切，都与家有关。因为家是庇护，是温暖，是灵魂的安置之地。”尘封的笔记本上，还留有这么一段不知何时，亦不知从何处摘录下来的话语，早已忘了摘录它时的心情是单纯觉得这样的句子很美，还是在慨叹找到了人生的真谛。这些都不重要了。时光之水悄然溶去生活画卷上曾鲜亮的色彩，只留下一点点痕迹，聊以作曾经存在过的证明。只是一切都已改变。

就像现在的我一样，坐在几个月前还无比陌生，但现在却愈加熟悉的书桌旁边，带着点点微笑，回忆过去的时光。偶尔灵光一闪，想到某些精彩绝伦的句子，就用键盘将其化作一个个电信号储存进我闪着银光的电脑中。科技的发展，使一切都变得方便起来了。

再一次伸了个懒腰，让发散的思维再次收拢。看着第一段那些句子，不知怎么的，我产生了这样一个想法，“家是个动词”。

是啊！“家”是个动词，它是由不断变化的人组成的。所以它不会仅是一样物体的指代，任何能让人安下心来的地方都可以是家之所在。就像前面说的那样，它是灵魂的安置之地。

不仅仅家是个动词，与家有关的事物，也往往是个动词。家人如此，家乡如此，家国更是如此。

“家人”是个动词，这种感受最早来源于最喜欢的外公外婆。

那一次回外婆家，虽说多次告诉外公不用来接我，然而我还是在车站见到了他，精神还是像以前一样矍铄。我们乘着公交车，一路有说有笑。当我们到楼下时，刚好看到电梯门合上，于是我对外公说：“就两层楼，我们走上去吧。”

外公点点头，算是同意。于是我们转向楼梯，走了几步后，我感到有人拽住了我的衣服。回头一看，是外公。他看了我一眼，笑了笑，又轻轻地舒了一口气。就在这一刻，我深刻地理解到外公老了。我还记得骑在他脖子上和他一起去公园的日子，也记得每个夜晚在他那些光怪陆离的故事中悄然睡去。那些幸福的时光……终究挡不住岁月的侵蚀啊。

走进家门，才脱下外套，就被外婆赶上餐桌，看着她精心准备的饭菜，还在为突然发现外公变老了而感伤的我有点浑浑噩噩的。桌上我喜欢的菜，暂时转移了一会注意力。然而，菜的味道有些重，还在一盘炒青菜中吃出了头发丝。这都是以前从不会出现的，记得有一次外婆还因此“嘲笑”过母亲。然而现在……是啊，外婆也只比外公小一岁而已。

“家人”是个动词，我早该注意到的，除了外公外婆之外，陷入“中年病”的父亲，眼角满是皱纹的母亲……我一天天长大，看着爱着我同时也是我爱着的人，我的家人们一天天老去。也许有一天，我们将永远分别。与此同时，家人的范围也会扩大，命中注定我终要像曾经爱我的父亲母亲，外公外婆一样爱我新的家人，并且在心中致以分别的家人们永远的祝福。

“家乡”也是个动词。

我不是特别喜欢自己的家乡，好友荒芜（笔名）曾在他的诗作里写道：“故乡没有我的记忆，我的记忆里只有故乡。”这样的眷恋，我是没有的。但，不得不承认，家乡有了很大的变化。《荒芜诗集》中唯一受到老师好评的诗作《这儿，原来是一片麦田》深刻地反映了家乡的变化。他写了些什么已经记不太清了。但是，原来的麦田上早已高楼林立、绿茵成群。父母的收入多了，我的零花钱也多了，这可是不容置疑的。

“家国”更是个动词。

发展、繁荣，我以此来形容我伟大的祖国。

如果有人问我：“你拿什么证明你的国家在不停地发展进步？拿什么证明你的国家繁荣昌盛？”

我将回以微笑，一切尽在不言中。

因为一切都是既定事实，你只需看看一尘不染的街道，规划有序的住宅，还有无论什么年龄段的人每天至少绽放三次的笑颜，就能将其了解。

“家”是个动词，与家有关的东西大多也是。不过，套用唯物论的一个观点：事物是绝对运动与相对静止的统一。“家”虽是个动词，但也有其“静”的一部分。

这一部分，叫作“温暖”。

无论是回忆家人所产生的幸福，还是遥望家乡产生的眷恋，抑或是赞美家国时产生的骄傲。一切的一切，都让我发自内心地感到温暖。

是的，“家”是个动词，与家有关的家人、家乡、家国都是动词，他们都是在不断变化的，但这并不意味着在变化中我们终将一无所有。有一条名为“温暖”的，永远不变的情感纽带将一直握在我们手中。而我们要做的，就是将这条纽带传承下去，一次又一次。

“家”是个动词，它是一团跳动着的，始终给人温暖的火焰。

（本文作者为湘潭大学商学院2018级本科生）

浓浓家国情，浅浅外婆说

彭弈铭

（一）人心暖处即是家

寒假。晚上回到家，次日便急着去探望外婆。

“叮咚——”

门一打开，一声“外婆”话音未落，便收到一个软乎乎的熊抱，压得我竟忽有些喘不过气来。

“我妹子最知道疼老人家，知道我们的心情。”微微颤抖的声音，听上去外婆准是又被什么感动了。半晌，她稍稍松开我让我踏进门，我瞥到她的眼眶果然泛红。

“怎么了啊外婆，几个月没见你孙女，这么激动？”

“你舅舅他们搬家人人祝贺，只有你想着叮嘱你爸爸妈妈要多来陪陪我和你外公。”

外婆是个感情十分充沛的人，极易被感动。

舅舅以前同外公外婆一起住，由于办公地点变更，来回路途颇有不便，就就近买了个房子。新房子装修好了，一个月前搬了家，一大家子去新家热热闹闹地庆贺。是啊，乔迁之喜，我妈发微信给我，展示舅舅这个全新的、漂亮的家。这头的我，不明白自己在迟疑些什么？为何无法被他们饭桌上的欢喜气氛感染？原来我在担心外公外婆无人陪伴，家中冷清。不料我妈将这话转述给了他们。

你问，何谓家？

小学生会答："家是寒夜的灯塔；家是遮阴的大树；家是温暖的港湾。"

"家"是一个温暖的字眼，世上本无家，有了人，便有了家。颠沛流离、居无定所，都不要紧，因为灵魂交融得到的关怀远胜过肉体的舒适。《疯狂原始人》中，爸爸带领着大家穴居野外，后遇末日，往高处逃离，路途艰险，却并不让人认为他们失去了家——一家人始终在一起，人心安处即是家。

那个房子，是舅舅的新家，"房"即为"家"。在这个时代，凭一己之力追寻自我价值实现的年轻人，背井离乡，北漂的、南漂的，四海为家，地下室、合租房，什么地方没住过？打拼一辈子换那高楼大厦中的一户，这是为何？

孤独的灵魂游走在繁华喧嚣的城市中，遥望着钢筋水泥、高楼林立，深夜里慢慢聚拢、缓缓侵蚀着他们的不安感；肉体真真切切地踏在这片土地上，灵魂却如同漂泊不定的浮萍；漠然的陌生人、上阵打仗般的生活节奏、未知的世界……说到实处，要这"家"，不过是图个归属感，以寄托恋恋不舍的家乡、家人所给予的心安吧。

（二）宽厚严谨以治家

我从小就和外婆要好。隔代亲，老人家宽厚。

外婆几乎从不干涉舅舅和妈妈教子，却有一次例外。

表弟不思进取，舅舅管教不严。

“哪能这样教育孩子？从小就应该教他自律、自省，不能放纵！”质问、命令，一板一眼，外婆揉揉眼睛，我知道她是急得出了眼泪。

事后我问我妈，外婆为什么一改平日的温和，如此严厉？我妈引用古代贤人的话回我，“父母之爱子，则为之计深远。”

我们艳羡过珠玑满室、锦衣玉食的富贵人生，景仰过运筹帷幄、决胜千里的才干智慧，渴望过彪炳千古、名垂青史的丰功伟绩。若仅停留在幻想，而非收拾行囊、踏上征途，这星辰大海的满腔抱负从何谈起？“莫等闲，白了少年头，空悲切”，岳飞登高凭栏，一片报国壮怀，我们又何尝不需要严以律己，为理想永不止步？怎可慵懒懈怠，荒度余生？

我似乎懂得了外婆的齐家之道。

（三）乡思情浓虑家国

带外婆去泡温泉，归家路上她感慨着贵州铜仁的温泉好，自己又发展了一个新爱好。

“我们家乡隆头那儿的热水洞，滚烫的温泉水，丢颗鸡蛋进去一下子就熟了。怎么没有人想着去开发一下，也能拉动旅游业，促进经济发展，让那里老百姓的生活富裕起来啊。”外婆惋惜。

热水洞在隆头，是个出温泉水的洞，洞内水温奇高，水流常年不竭，老百姓在洞口温泉水与河水汇集处洗菜濯衣，刚刚合适；后来河下游的碗米坡修坝，水面上升，淹了热水洞；现如今隆头已是个淹没于水下的古镇，那热水洞也早已被淹在几十米深的水下了。

气氛压抑情切处，外公打趣道：“你才在隆头生活多久，那里就是你家乡了?”“那你说不是就不是吧。”“那你是哪里人?”“中国人!”

这一声理直气壮，车里的人都笑了。

外婆是个极爱国的人。

外婆腿脚不便，又因心脏病的缘故，医生不敢动刀。前两年才去了北京，医治好了膝关节的病痛。她的腿是为保护过马路的学生，被车撞倒而受伤的。

当年是人民教师，忙于工作，教书育人，无暇四处旅游；后来腿疾加重，行走不便。多年来，外婆不曾去远处游玩，就连往日里喜欢的歌舞，也只能欣赏罢了，决不能上前展示。腿脚不便的那几十年，外婆最大的爱好是看电视，看毛泽东、邓小平的故事，看抗日战争。每逢情况危急、千钧一发，她就跟着揪心；将帅雄才大略，她称赞叫好；汉奸叛国，她恨得咬牙切齿；爱国者临危不惧、英勇献身，她感动得热泪盈眶……

看新闻联播，她说共产党好，说习近平总书记工作做得好。我问她为什么入党。

“入党，是为了为人民服务。”她一字一顿。

“不入党也可以为人民服务呀。”

"入党是为了更好地为人民服务，共产党员具有先进性，对党员的要求要比普通群众更严、标准更高！党员同志随时都要先顾全大局，不能看个人利益办事……"

我又想起她的腿——一定也是因为这样无私奉献的精神，才会在危险关头舍己救人吧。

如今虽大致治疗愈合，难免还是有些不利索。

我依旧是外婆的小拐杖，我愿做外婆一世的小拐杖。

（本文作者为湘潭大学商学院2017级本科生）

国本于家，家本于身

张倩玉

孟子曾言：“天下之本在国，国之本在家，家之本在身。”对于21世纪的青年人来说，这句话浅显易懂却又意味深长。从万米高空看下来，单个渺小的我们甚至不足以成为“金鸡”的羽毛，却又是这个宏伟版图中不可或缺的一部分。我们每个人作为独立的个体，每时每刻都在和身边的一切发生着联系。而我们创造的这千丝万缕的联系又在一点一点地影响和改变着世界。正如“修身、齐家、治国、平天下”这简明扼要的四个词所说的一样，只有做好小我，才能成就祖国这个大我。也多亏了我的家人和故乡，让我在这样一个和平而物质的年代不忘沉甸甸的历史和至死奉献的家国情怀。

我生活的小镇是一个坐落在黄海之滨，四季分明、冬暖夏凉的城市——威海。威海自明代以来即为海防重地，居于山东半岛最东端，扼京津咽喉，军事位置非常重要，自古为兵家必争之地。明代时为了抵御倭寇，在威海设立威海卫，取“威震疆海”

之意，威海由此得名。这里曾是中国第一支海军——北洋海军成立的地方，也是甲午海战发生的地方，代表地是刘公岛，其宣传词让我印象深刻，“刘公岛不仅仅是个岛”。说来惭愧，在这个具有如此历史意义的城市生活了十几年，我第一次知道它的特殊价值却是在初中的历史课本上。这大概也是因为与爱看历史故事的小朋友不一样，我打小就对古代史或近代史完全不感兴趣，反而喜欢听一些让人热血沸腾到下一秒就想削尖了脑袋奔赴沙场的民族英雄的故事，所以印象里总是会觉得威海是一个年轻的没有历史的城市。

我的父亲是一个普普通通的职工，但在我眼中父亲是一个博览群书热爱生活的人。常听母亲说父亲年轻时喜欢读各种各样的书，正史、野史、小说、散文均有涉猎，有兴致时还会写写文章画画花草虫鸟，母亲为此还常常吐槽搬家时因为地下室的几大箱书苦恼不堪。年幼时的我不以为意，用母亲的话说“没继承一丁点儿你爸的优点”，那时候的我最喜欢“游山玩水”和与各种昆虫植物打交道。简而言之，“余忆童稚时，能张目对日，明察秋毫，见藐小之物必细察其纹理，故时有物外之趣。”儿时顽皮，父亲拿我没办法。后来年纪渐长，我慢慢开始羡慕那些从小就喜欢读书的同龄人。明明一直很懂“读史使人明智”的道理，却一直到了高中才开始真正实施，逐渐培养起对历史的兴趣。

回顾五千年的历史长河，西汉霍去病拒绝汉武帝的重金犒劳，并言“匈奴未灭，何以家为”；宋朝范仲淹在《岳阳楼记》一文中道出“先天下之忧而忧，后天下之乐而乐”的政治抱负和家国情怀；清末外敌来犯，爱国将领邓世昌在黄海战役中指挥“致远”舰奋勇作战，落水拒救舍生取义。古往今来，王侯将相在历史这本厚厚的简牍上一笔一画地刻下了人生的不朽，这给尚处于迷茫之时的我以人生启示。生而为人，到底是为了什么而存在呢？人生的价值是什么？我想大概是奉献吧。为了家人而奉献，为了家乡而奉献，为了祖国而奉献。

得出这个答案有什么依据呢？空口无凭，实践是检验真理的唯一标准。当你拖着疲惫的身躯从异乡归家，吃着你从小吃到大都吃不厌的家常菜时，你是否也有那么一瞬间热泪盈眶？当你在远方得知家乡获得某份荣誉时，你是否也会对身边的异乡人津津乐道？当你无论身处何地都享受着各种各样便捷的服务时，你是否也会欣然感慨生活幸福美好？当你身居异国日夜奔波忙碌，猛然听到国歌响起时，你是否也有一种强烈的自豪感油然而生？如果感到幸福就是有价值，那么奉献就是幸福，幸福是奋斗出来的，也是我们自己创造出来的。不信你去摸一下父母的双手，那双手你大概很久没牵过了吧，那是一双一生都在为子女奉献的双手；你再去看看家乡那些环卫工人的脸庞，你在为家乡获“联合国人居奖”而感到喜悦时，可知他们的脸上也曾布满奉献的汗水；或者在你节假日乘坐四通八达的高铁回家时稍微注意下也好，站台旁裹着厚厚军大衣的铁路人仍奔走在奉献的第一线。如果有机会翻开中国护照的第一页，你会发现上面写着这样一段话“中华人民共和国外交部请各国军政机关予以通行的便利和必要的协助”，这是祖国能够以自己的名义给予所有在异国的中国人的最大的保护，而强大的祖国更是我们每个人奉献的结果，小到农副工商，大到国防外交。

由此看来，从古至今，我们每个人都在享受着他人的奉献，同时我们也在为身边的每个人奉献着。无论你扮演什么样的角色，王侯将相也好，普通的劳动者也好，我们就像一个个小齿轮，环环相扣，转动着国家这个神奇的机器，沿着正确的道路点点向前。国本于家，家本于身。如果每个人都能有“苟利国家生死以，岂因祸福避趋之”的爱国情怀，“路漫漫其修远兮，吾将上下而求索”的精神追求，“春蚕到死丝方尽，蜡炬成灰泪始干”的奉献精神，将个人理想融入国家和民族的事业中，不负人民期望，不辱时代使命，则实现锦绣中华国运昌盛之日必翘首可盼。

（本文作者为湘潭大学商学院2015级本科生，现为山东省青岛市李沧区政府审计局文书）

勇立潮头，做时代锦鲤

妥顺芬

“千帆竞发春潮涌，百舸争流正逢时。”当前中国发展进入新的历史时期，既面临世界百年未有之大变局，又迎来千载难逢的发展机遇。新时代开启新征程，新征程凝聚新梦想。追梦征途，迎时代之浪，大勇不惧；圆梦事业，做时代锦鲤，奋勇搏击。

做时代锦鲤，于波澜壮阔中逐梦踏浪。习近平总书记强调：“实践告诉我们，伟大事业都始于梦想。梦想是激发活力的源泉。中华民族是勇于追梦的民族。”没有梦想的人生，必然是乏味无趣的；没有梦想的事业，必然是坎坷失败的；没有梦想的国家，必然是前路迷茫的。正是因为心怀梦想，踏浪前行，我国才实现了“天眼”探空，“蛟龙”探海，“嫦娥”探月；才建成了目前世界上最长的跨海大桥港珠澳大桥；才推进了“一带一路”倡议的合作共赢；才推动了以人工智能为代表的创新性产品的不断更新……梦想是指引方向的航灯，梦想是凝聚力量的旗帜，梦想是照亮黑暗的曙光，梦想是激发动力的驱动器，只有心怀梦想，才能实现人生理想，才能建设美丽中国。每个人的前途命运都与国家息息相关，中国梦是每一个中国人的梦，将个人梦想书写到国家和民族的伟大梦想之中，敢于有梦，勇于追梦，勤于圆梦，创造中国辉煌，展示中国力量，以昂扬姿态傲立时代潮头。

做时代锦鲤，于海阔天空处开拓创新。当前的国际竞争，本质上是自主创新能力的竞争。习近平总书记强调："实践告诉我们，伟大事业都基于创新。创新决定未来。建设世界科技强国，不是一片坦途，唯有创新才能抢占先机。"无论是对个人、企业还是国家，创新都像一颗熠熠生辉的明珠，独特而耀眼。杂交水稻之父袁隆平，一生坚定梦想，不断创新突破，勇攀科学高峰，致力于解决中国及世界的粮食问题；华为发布全球首款5G基站核心芯片——天罡，推动了5G新技术的革命，向世界展示了中国的创造力；"一曲星梦东方红，嫦娥奔月创奇迹"，嫦娥四号在月球背面留下了"中国印记"，再次展现了中国不断增强的科技实力与创新能力。抓住历史机遇，融入新发展新理念，不断推进自主创新、协同创新、开放创新。以创新驱动发展，做时代锦鲤，一跃成龙，在新一轮科技革命和产业革命中勇立潮头。

做时代锦鲤，于波涛汹涌中坚守初心。有人在不知"知网"是什么的情况下，竟获得了博士学位，此类学术不端的事件不仅让人们质疑其学历的真实性，也违背了科学精神和道德，损害了社会诚信价值体系，伤害了兢兢业业的学术研究者。为了追逐经济利益，外卖行业使用劣质料理包，某公司生产不合格疫苗，等等。这些事件无不体现了人们在名利场上逐渐迷失了自己，一味投机取巧、追逐虚妄的利益，与发展初衷背道而驰，偏离了社会主义核心价值观，这不禁让我们呼吁社会各界不忘初心，脚踏实地。坚守初心是修身琢业，匠人匠心，我们要弘扬工匠精神，踏踏实实，真抓实干，不懈奋斗。习近平总书记强调："实践告诉我们，伟大事业都成于实干。新时代是奋斗者的时代。新时代是在奋斗中成就伟业、造就人才的时代。""蛟龙号"载人潜水器首席装配钳工技师顾秋亮，用其四十多年的坚守信念、埋头苦干、踏实钻研，诠释了何为"大国工匠"；纪录片《我在故宫修文物》展示了工匠艺人们的精益求精、耐心细致与专注执着。匠心传承，立足当下，我们正需要静下心、慢下来，让灵魂跟上脚步，不为世事繁华所累，不为波涛汹涌所动，坚定信念，积蓄力量，稳步前行。

"百舸争流，奋楫者先；千帆竞发，勇进者胜。"伟大事业始于梦想，基于创新，成于实干。迎时代之浪，乘时代之风，担时代职责，面对新的历史格局，我们要将个人梦想融入中国梦，将个人事业融入中国伟大事业，做时代的弄潮儿，做时代的锦鲤，携带梦想，逐浪踏歌，奋勇前行。

（本文作者湘潭大学商学院2015级本科生，现为云南省河口县坝洒农场管委会工作人员）

我的背后是祖国

欧淑芳

离开家乡前的那夜，雷子整夜都躺在床上辗转反侧。

明天就要去部队了，离开这个生活了十八年的家，离开自己的父母，想到这里，雷子更加睡不着了。外面传来声音，雷子起身隔着门缝向外看，是母亲在往雷子行李包里装雷子不想带的东西。各种各样的东西被塞了进去，连家里的咸菜也不例外。他知道这是母亲心疼自己，怕自己受苦。

公鸡刚刚才打鸣，雷子便背上沉重了许多的行李走出了村口，他知道这个包里装满了母爱。

“妈，你回去吧，别送了！”雷子说道。

“哎，没事，妈就看看。”从出门口开始，母亲就是这样回答的，一直到村口。

雷子坐上了大巴，他推开玻璃，说：“妈，你回去啊！”说着，大巴便缓缓开动，驶离了村口，只留下了母亲一步一步跟在大巴后面。雷子也不停地向后张望着，只可惜母亲的身影越来越模糊。

边防的生活十分苦，刀子一样的风雪无情地割着雷子的脸庞，厚重的棉服根本无法抵挡严寒。

在来到防线的第一天，雷子就病倒了，常年在平原生活的他不适应高原的生活。战友们都劝他回去，连部队领导都希望他能够离开防线。但是刚刚康复的雷子说什么也不愿意离开，战友们问他原因。雷子说："在我昏迷的那段时间，我看到了我妈，她说我的身后就是国家，就是家乡，我不能退缩！"

战友们都没有再说话了，他们知道雷子想家了，同样的，他们也是。但是正像雷子妈说的那样，他们身后就是祖国，他们不能后退一步！

每天的巡逻是必不可少的任务，在冰天雪地里行走不是一个简单的事情，也许一不小心就会掉入被积雪掩盖的坑里，下去容易，可是再上来就没有那么容易了。

那天，雷子和大刚一同执行巡逻任务，出门时晴空万里，不一会却是狂风暴雪，天地之间一片白茫茫的。由于看不清道路，大刚掉进了雪坑里。雷子立刻拿出随身携带的绳子，让大刚抓紧绳子，自己费了好大力才把大刚拉上来。

气喘吁吁的雷子一屁股坐在了雪地上，大口大口地喘着粗气。大刚说："我的腿断了，走不了，你先回去找人吧。"

"说什么呢！这么大的风雪，怎么能够把你一个留在这里，来我背你！"

说着，雷子就把大刚背在了身上，两人冒着风雪前行着，在雪地上留下了两行深深的脚印。

等回到营地时，大刚的背上已经堆积了厚厚一层雪，雷子整个人都累虚脱了。战友们赶紧把二人扶进房间里，让二人暖和起来。大刚说的第一句话是：“是雷子救了我啊！”

雷子离开部队的那一天，大刚特意向上级请了假去送雷子。站在月台上，大刚说：“等我退役了，一定会去找你的！”雷子点了点头，背着行李转身上了火车。

大刚朝着雷子离去的方向郑重地敬了个军礼。

回到家的雷子决定在政府的政策支持下建设家乡，让村民都富起来。

在竞选村干部时，雷子拿出了一系列发展措施，赢得了村民经久不息的掌声，最后成功当选为村干部。

雷子积极引进村里的大学生回乡，引导他们支持家乡的发展，他经常去企业里拉支持，说服他们投资乡镇发展。与此同时，雷子还带头开办了村里第一家公司，股份全村人共同持有，村民一同干事，一同挣钱，家家户户的日子都好了起来。

从此，只要一提到雷子，村民就赞不绝口，一致认为是个好干部！雷子的名声传到了县里，整个县城无人不知无人不晓。

县里的新县长要到村里来视察工作，说要看看这位人民的好干部。雷子见到县长后，大吃一惊。原来新县长就是大刚，大刚在部队退役后就转业到地方工作，后来做了县长。他到任后便听说了雷子的事迹，心里很是高兴，便决定来看看雷子。

大刚对雷子妈说：“阿姨，你有一个好儿子啊！是他，救了我的性命！是他，建设了我们的家乡！更是他，保卫了我们的国家啊！”

雷子妈老泪纵横：“他当时想要从边防退下来，我告诉他，你的背后是你的祖国、你的家乡，你要始终守卫好祖国！”

晚上，雷子和大刚谈了很多，酒瓶横七竖八地倒在地上。在醉倒前，大刚拉着雷子说了一句话。

“雷子，你是人民的好战士，更是人民的好干部!”

（本文作者为湘潭大学商学院2016级本科生，现为台山市好学教育咨询服务有限公司创业者)

长征精神的传承

郭佳惠

80 多年前，红军如滚滚铁流，长驱数万里，战强敌、翻雪山、过草地，完成了震惊世界的万里长征。

今天生活质量提高的我们，早已不像以前需要走如此漫长和艰难的路才能到达目的地。但是漫漫长征留下的精神，是需要我们这些能为 21 世纪建设做出巨大贡献的大学生所学习并传承的。

一直在学校学习的我不曾感受长征的艰难与长征需要的艰苦奋斗的精神，但在大学期间参加的一个社会实践让我体会到了 80 多年前的红色精神。

这是一个名叫作“在爱中行走”的公益活动，也是缘分让我遇见了他。活动为期 12 天，召集了全国有志参加的大学生，奔赴海南。白天行走，并完成相应的任务，晚上聚在一起搭帐篷休息。在这辛苦奔波的 12 天里，最令人印象深刻的便是徒步负重行走 30 公里和“商战”了，这些经历让我感受到了有信仰、吃苦耐劳、不惧艰难、无私奉献、无怨无悔、乐观积极的重要性。

这或许是我有生以来走过最长的路了。每天早上 9 点出发，徒步负重走到下午 6 点，就这样走马路，踩沙滩，一直走到天涯海角。人们常说一段旅程最艰难的便是开头，的确，在“长征”开始时，曾怀疑自己能否在负重 10 多斤的状况下，走完这平常从未走过的路程。也有想过把包与帐篷运走，不用承受那重量，但最终还是背上包提上帐篷和大家一起踏上这艰难的征程。这次“长征”让我明白了，在一段旅程的开始便要下定决心，这便是你的信仰。庆幸的是我在这次旅途的开始便下定决心要完整地走完这看似简单实则艰辛的“长征”。于是，抱着这个信仰，跟随大部队出发了。

要说这段路程最艰苦的便是前十分之一和后十分之一。刚走没几公里，心中便打起了退堂鼓：“我才走十分之一不到，就已经累成这样，接下来要怎么样才能走得完啊?”背上 10 多斤的包像一块大石头一样压在肩上，手上的帐篷也像一个秤砣拉拽着手臂。它们时刻提醒着我正在承受着多大的痛苦，身体上的痛苦像藤蔓一样慢慢爬到了精神上，我开始怀疑自己能否坚持下去。“这样可不行。”于是我让自己想想我最初的决心和我来参加这个活动的目的，“我是来挑战自己的，红军长征二万五千里，历时两年。我才30 公里，才走一天，怎么就走不了呢? 而且旁边的人都在坚持，我怎么能这么轻易就放弃了呢? 以后也会遇到有如此艰辛且需要毅力的事情，这次放弃了，我以后也会像现在一样放弃。”内心的波动回归坚定，在朋友的互相鼓励下我继续前行。中间的路程虽然漫长，但是有朋友帮忙，内心也更坚定，所以比较顺利地走了下来。但走到最后的十分之一，本已经稳定的心又波动起来了。这最后的路程已经有一小部分人不堪重负，或搭上公交车或骑上自行车前往目的地，人总是容易受到周围人的影响。“他们都放弃了，我还要坚持吗?”这让我不免想起了陶渊明的“不与世俗同流合污”，是坚持心中的信仰还是跟随他人？其实心中早有定论，在那一部分人选择捷径的同时还有一大部分人选择坚持走到最后。“我已经坚持了那么久，为什么还要在最后快达到终点的时候放弃呢?”确定了内心的想法便咬着牙，背上包，拿上帐篷继续前进。终于，到了目的地，放下包，整个人身轻如燕，一种难以言表的自豪感涌上心头。庆幸自己在内心波动的时候能坚持心中的想法，这才能享受到达时的喜悦之情。

这次“长征”让我更能体会到红军的伟大。长征之所以能够创造这么多奇迹，信仰的力量就是第一个宝贵的财富。有信仰的人和没有信仰的人，在困难面前就会显现出谁是真正的强者。

除了自我锻炼的“长征”，还有帮助他人的“商战”。我们这些大学生，需要卖东西赚钱，赚回来的钱买书捐给贫困小学，这便是这个活动的重要部分。我们先是批发了些东西，然后再卖出去，利润就当作买书的资金。因为价格比较高，所以买的人不是很多，需要我们每个人尽力去向别人说明我们义卖的目的，唤起他们的爱心。但也会有人对我们充满怀疑，不愿意买，但更令我们感动的是有人会相信我们，愿意奉献爱心，出高价买东西。更有人，什么都不买直接给钱。我们是为了帮助孩子们，而他们可能也是为了帮助我们，这种人与人之间的互相帮助、无私奉献让我感受到了人与人之间的美好。

这件事让我觉得生活中的红色也可以是无私奉献、无怨无悔。

在整个活动当中，有艰苦也有欢乐。爱心义卖当然是困难的，要一个一个询问、解释，有时还会遭受白眼，但是我们一组10个人，分头行动，遭遇困难也会互相安慰，抛去难过继续下一个人，并且相信世界上总是会有充满爱心的人。徒步行走当然是艰苦的，需要忍受精神上和身体上的痛苦，但是一起徒步的人也会互帮互助、互相鼓励。其间还有各种任务也不是那么简单，但是有同伴在，事情就没那么难了。互相扶持，总能看到更美好的一面。

整个活动也让我感受到了红色精神中的乐观，毛泽东诗词曾写过“三军过后尽开颜”，这就是革命乐观主义精神。红军长征如此艰辛，红军战士却从来没有在困难面前垂头丧气、萎靡不振、消极彷徨。习近平总书记在庆祝中国共产党成立九十五周年大会上讲到：“历史总是要前进的，历史从不等待一切犹豫者、观望者、懈怠者、软弱者。”这四种人，与尽开颜的红军将士形成鲜明的对比。在困难面前充满革命乐观主义精神，这就是共产党人的气概，这就是共产党人的乐观主义精神，也是我们需要学习的精神。

有信仰、乐于吃苦、不惧艰难、无私奉献、无怨无悔、乐观积极，这些便是我在社会实践中学到的伟大红色精神，我们应该传承并发扬，一同创造一个更美好的未来。

（本文作者为湘潭大学商学院2017级本科生，现为暨南大学经济与社会研究院2021级硕士生）

十五的月亮

吴　悠

十五的月亮/照在家乡/照在边关
宁静的夜晚/你也思念/我也思念
我守在婴儿的摇篮边
你巡逻在祖国的边防线
……

——石祥《十五的月亮》

又是一年正月十五团圆夜，今年的月亮和去年的一样圆，只是我们身边依旧少了你的陪伴。夜色动人，银盘高挂，月光照进了我的窗户，也照进了我的心里。此时，思念就像不停舔着水壶的炉火，让内心不断变得滚烫，也像壶里装满的水，多得快要溢出来……

距离你上次回家已经四个年头了，这也是你在边防前线坚守的第九个年头，今年春节你还是没能回家和我们一起过年。女儿已经三岁了，她长这么大还没能在你怀里撒娇，还没能让你哄她入睡；你还没能抱抱她，还没能够在她熟睡时亲吻她的额头……电话那边的你有些许哽咽，劝我不要来找你，你说你那边的环境和家里这边差别很大，我去了会吃不消的，况且家里还有年迈的老母亲和嗷嗷待哺的宝贝需要我照料。你说你是个男子汉，是个军人，更是祖国不可缺少的战士。艰苦的环境使你练就了钢铁般的身体，你所做的一切都是为了家和国。你让我和家人不要担心你，让我们为你感到光荣和自豪。你从来都是报喜不报忧，你总是说你在那边过得很好，充实的工作和并肩前行的战友让你感到很满足。可我又怎会不晓得你要品尝多少孤独，经受多少磨炼，承担多大的责任。

电话这边的我早已泪流满面，但是我不能成为你的软肋，一定要做你最坚实的后盾，你永远的支持者，永远为了你的义无反顾而义无反顾。于是我故意提高声调跟你说："放心吧！家里有我呢，不要挂念，你在那边好好照顾好自己，好好站岗，好好工作，我们为你而骄傲，祖国更是!"

有限的通话次数和通话时长说不尽也道不明我对你的思念，也来不及了解你身边所发生的一切。我不能陪你感同身受，也不能与你分享生活中的喜怒哀愁，这亦是我的遗憾。我知道你也一定有很多话想跟我说，有很多事情想与我分享，也会因不能亲眼见证女儿的成长和陪伴在我们身边而内疚。

"我要去找你!"我的心很坚定。

终于踏上了北上的火车，这趟旅程是我日思夜想的。

十五的月亮/照在家乡/照在边关

宁静的夜晚/你也思念/我也思念

我守在婴儿的摇篮边

你巡逻在祖国的边防线

我在家乡耕耘着农田

你在边疆站岗值班

啊/丰收果里有你的甘甜/也有我的甘甜

军功章/有我的一半/也有你的一半

……

——石祥《十五的月亮》

车厢里的歌声十分撩人，一首歌竟将我的心境展现得淋漓尽致。歌词的内容就像触发了暗道里的机关一样，每一个字都重重地敲击在我的心头。远方的人啊，你现在可好？是否正接受风雨的考验？是否抵住严寒练就了钢铁般的身体？是否也在深夜里想念家……你说你能够将药品说明书倒背如流的时候，我可以想象你在日复一日、年复一年的站岗值班中承受了多少孤独。可是你笑着跟我说，赤子之心不会孤独，正如傅雷寄给爱子傅聪的信中所说的那样，“赤子孤独了，会创造更多心灵的朋友……”

窗外的风景快速地向身后退去，刹那间一片漆黑。从隧道驶出后就到了北京站，熙熙攘攘的人群，来来往往的车辆，你是否也曾迷失在其中？但我知道你最终还是抛开迷茫，坚定自己的方向，不问风雨勇敢前行。

这是你走过的路，这是你来过的地方，这是你见过的风景……因为这些，我的内心更加坚定，想和你共同见证光荣和梦想，想和你共同分享艰辛和困苦，想和你共同为了祖国更美好的明天而努力奋斗。

天安门前飞扬的五星红旗永远鲜艳，《义勇军进行曲》的旋律永远扣人心弦。我站在国旗下，闭上眼睛用心感受，想象你每次站在国旗下是怎样一种心情，用这种感同身受的方式，让即使身在祖国边防前线的你也能给我带来无穷的力量和无限的慰藉。一瞬间，已是热泪盈眶。

从北京换乘，终于坐上了直达你坚守之地的列车。心情愈发不能平静了。时间每过一秒我就离你更近一步，在此之前，思念的怪兽无时无刻不在将我一点一点吞噬……

十五的月亮/照在家乡/照在边关

宁静的夜晚/你也思念/我也思念

我孝敬父母任劳任怨

你献身祖国不惜流血汗

我肩负着全家的重任

你在保卫国家安全

啊/祖国昌盛/有你的贡献/也有我的贡献

万家团圆/是我的心愿/也是你的心愿

……

——石祥《十五的月亮》

从音乐声中醒了过来，这场梦好像做了很久。大脑还很混沌，眼角的余泪还没干，原来不是车厢里的歌声，是我将《十五的月亮》单曲循环了一晚上，回想起自己的这一场梦，我浑身的鸡皮疙瘩都起来了。

那些边防的战士们，心中装着国和家，为了祖国明天，为了自己光荣的使命，为了不辜负这一身军装，为了让青春更有价值，为了……他们一直在默默坚守着一份信念，把青春年华全部献给了祖国的边防事业。我被这份信念所感动，泪眼蒙眬，我仿佛又看见他们身着军装，英姿飒爽地站在国旗下敬礼的景象……

（本文作者为湘潭大学商学院 2017 级本科生，现为山东大学商学院 2021 级硕士生）

时光作渡，眉目成书

郭航辰

人既尽其才，则百事皆举；百事举矣，则富强不足谋也。

——孙中山

古往今来，“家与国”成了维系中华民族生生不息的一股血脉。中华文化绵延至今而能够代代相传，并非毫无原因，而是历史的必然。无国何来家？无家亦难有国。

中国人，是恋家的。

“家”为何意？家，是房屋、是住所，是能够遮风挡雨，与家人共享天伦之乐的地方。对于中国人来说，家有着格外重要的意义。“有钱没钱，回家过年”是中国人的信条，临近年关，任何艰难险阻也阻挡不了返乡的滚滚人流。家，不一定要奢华的，但一定会温馨。落叶归根，游子回乡。

有家，就会有家风。何为家风？家风又称“门风”，是家族或家庭世世代代相传的风尚、生活作风。身修而家齐，家齐而国治。家风，是这个世界上最为珍贵的礼物。

“家国情怀”对于中国人来说，是尊严甚至是生命。我们可以以命守家、视死如归；我们可以以命卫国、忍辱负重。家和可国强，国强家亦安。

“各出所学，各尽所知，使国家富强而不受外侮，足以自立于地球之上。”我国著名建筑师詹天佑如是说。

于军人而言，国家利益所在，使命必达。一名军人的忠诚度，既看心之纯度，也看行之笃定。当他把自己的使命与祖国的利益紧密联系在一起时，信念就会化成不竭力量，忠诚就会化为坚定行动。在过去长期艰难的岁月里，无数年轻的战士以身许国，英雄们用自己的鲜血，为我们创造了和平、稳定的社会环境。革命烈士郁达夫有言：“一个没有英雄的民族是可悲的奴隶之邦，一个有了英雄而不知崇敬的民族是不可救药的生物之群。”后人不忘前人志，甘洒热血写春秋。

现实生活中，常常会有人迷路：争名逐利者，迷其本心；迫于生计者，迷其斗志；倾轧龌龊者，迷其真情；迷醉声色者，迷其傲骨。时下社会，经济利益驱动，可以催人勤奋却难以造就踏实，可以重金之下出莽夫却带不来内心的忠诚。从以往的媒体报道中我们不难发现，浮华喧嚣难以名垂千古，不忘初心成就一代宗师。时代需要更多的“钢铁院士”，他们德高望重、淡泊名利、一生勤俭却又为中国科学事业奠定基础和发展进步做出巨大贡献。而支撑他们把一生奉献给国家的原动力，无疑就是坚定的信仰——勤奋、报国。

“我们中华民族有同自己的敌人血战到底的气概，有在自力更生的基础上光复旧物的决心，有自立于世界民族之林的能力。”

毛泽东主席如是说。

一个国家，是由一个个具体的人构成的。她由这些人创造，并且决定。只有一个国家拥有那些能够寻求真理的人，能够独立思考的人，能够记录真实的人，能够不计利害为这片土地付出的人，能够去捍卫自己宪法权利的人，能够知道世界并不完美但仍能够不言乏力、不言放弃的人。只有一个国家拥有这样的头脑与灵魂，我们才能说我们为祖国骄傲。只有一个国家能够尊重这样的头脑和灵魂，我们才能说我们有信心让明天更好。国家给予我们以千书百学、盛世长宁，我们岂能不予国家以繁荣富强、幸福荣光？

身在井隅，眼望星光，心底有诗，志在四方。我们愿为时代的弄潮儿，于上建设我们的祖国，于下撑起我们各自的家。强者自渡，圣者渡人。成为时代的强者，永远战斗着奔向远方。

“手持三尺定山河，四海为家共饮和。”家国情怀，中华血脉。民生、强国、走向世界、屹立于世界民族之林。中国的崛起，有你，有我，前赴后继，生生不息。我们与日月同辉，我们与星河同光！

（本文作者为湘潭大学商学院2018级本科生）

梦回河南博物院

崔宇辰

我这是在哪？白茫茫一片。突然空中显出了几行字——大风泱泱，大潮滂滂。洪水图腾蛟龙，烈火涅槃凤凰。文明圣火，千古未绝者唯我无双；和天地并存，与日月同光。看完这些话，我的内心久久不能平静。因为，这是在说我的国家！这是在说中华人民共和国！待白雾散去，我突然发现，这里好像是河南博物院，我白天刚和妈妈一起去参观过，难不成这是日有所思夜有所梦？无论如何，先逛逛再说。正巧，白天博物馆里人来人往，有许多展馆、许多藏品我都没来得及细细观赏。

先给大家介绍一下：河南，我的家乡，古代的中原地区，华夏文明的发祥地。

我首先步入的是诗词馆，望着眼前这片土地养育的诗人所写下的无数光耀千古的不朽篇章，我不禁感慨。中华民族是个含蓄的民族，华夏儿女是群浅于表达的人，但他们并不薄情，他们深情且重情。杜甫、白居易、韩愈、刘禹锡、李贺、李商隐、范仲淹、晏殊、欧阳修、李清照……这些中国文学史上，甚至世界文学史上的大师、大家，他们在这里快意高歌，他们在这里惆怅低吟，他们从这里出发走向人生的巅峰，他们在这里相逢，他们在这里离别，并把诗意留在中原大地，成就了千年传颂的不朽诗篇。王维的《宿郑州》将郑州郊外的田野写得清新淡远，如诗如画。多情的柳永在开封东水门外，与恋人无奈相别，“都门帐饮无绪，留恋处，兰舟催发，执手相看泪眼，竟无语凝噎”。苏轼从这里走过，走到渑池崤函古道，寻找当年随父亲进京赶考时的痕迹，却一无所获，惆怅不已，写下“人生到处知何似？应似飞鸿踏雪泥。泥上偶然留指爪，鸿飞那复计东西。”李白在嵩山长吟“君不见黄河之水天上来，奔流到海不复回”，在洛阳奋笔“长风破浪会有时，直挂云帆济沧海”，与杜甫、高适携手同游开封、商丘，“气酣登吹台，怀古视平芜”，结下深厚友谊，留下一段大唐诗坛的佳话。伴着华夏儿女的深情诗篇，我逐渐走出展馆。

不仅诗词能表达出华夏儿女的重情，冷冰冰的青铜有时也能带给人们它独特的温暖。看着眼前突然出现的云纹铜禁，我被它的精湛工艺所折服，更被它所蕴含的厚重的君民之情所感动。周朝人见证了商王朝的败落、灭亡。他们认为是商纣王纵酒过度，最后造成商朝的败亡，所以就将承放酒具的案台叫作“禁”。并发布了中国最早的禁酒令《酒诰》，用以提醒后人不能纵欲无度，需要珍惜粮食，珍惜人们的劳动成果。如果再像商纣王的酒池肉林一般，那么周也不会存在太久，云纹铜禁因此诞生。这些均体现出我们华夏儿女一心为国的气概，体现出国在家才会在的思想。

在我们华夏儿女的信念中，“国”与“家”是密不可分的。爱国犹如爱家，爱国胜于爱家，“以天下为己任”的这种传统感情，传统信念，已经融化在炎黄子孙的血液里。中华儿女对祖国的赤子之心、爱国之情、报国之志、效国之行，是任何力量也动摇不了的。

因为责任，烛之武临危受命，智退秦师；因为责任，荆轲易水诀别，殒身不恤；因为责任，毛泽东指点江山，激扬文字；因为责任，巴金深情忏悔，呼唤人性……古往今来，多少仁人志士铁肩担道义，用实际行动诠释了责任的内涵。

河南博物院有一个极大的展厅，展示了牧野大战的艰难与辉煌，也展现出了姜子牙的军事之才、爱国之情。

爱国魂是最纯洁的灵魂，爱国心是最美好的心灵，爱国情是最崇高的感情。爱国是一种高尚的感情，也是一种神圣的职责；爱国是一种良好的习惯，更是一种脚踏实地的实践；爱国是一种升华的思想，更是一种心甘情愿的奉献。爱国是我们每一个华夏儿女最神圣的使命。

当每一个学生都为中华之崛起而读书；每一个农民都为祖国的繁荣而耕耘；每一个职员都为民族的振兴而拼搏；每一个军人都为国家的安宁而奉献；每一个知识分子都为中华的富强而发光；每一个华夏儿女都为中国的腾飞而奋斗！那我们中华民族必将和天地并存，与日月同光！

“小懒虫，快起床了！”伴着妈妈的呼唤，我睁开了迷茫的双眼，慢悠悠地坐起身。回想刚刚的梦境，我陷入了思考……

（本文作者为湘潭大学商学院2018级本科生）

不负韶华，牢记初心与使命

郑昊霖

峥嵘岁月，我们用汗水浇灌收获，以实干笃定前行。嫦娥四号在人类历史上第一次登陆月球背面，长征五号运载火箭成功发射，雪龙2号首航南极，北斗导航全球组网进入冲刺期，5G商用加速推出，北京大兴国际机场“凤凰展翅”。这些成就凝结着新时代奋斗者的心血和汗水，彰显了不同凡响的中国风采、中国力量！

——题记

“郑昊霖，男，湖北省武汉市，行程：湘潭北－武汉”。高铁检票机上的文字还历历在目，端坐在也许是因为充满着回家过年的喜悦而“臃肿”的列车车厢里，嘴上哼着刚刚在抖音上新学会的小曲，一切看上去似乎都是那么地静好。

家人

我已经不记得回家后的一个星期发生了些什么了，因为一切的记忆都是那么美好，而我又是那么的不珍惜。母亲是医院检验科的主任，在新冠疫情暴发前可以称得上是一位“称职”的母亲。“市危，省危，党员医生给我上。”这之后她就再也不是一个“称职”的母亲了。每天的母爱只能在电磁波中传播，长达四个月没有见面的思念只能化为种，埋在心田，长成下一个四个月的轮回。父亲也要对小区的防疫工作进行部署，相当长的一段时间里我是一个人生活的，一个人面对着这一切，一个人看着网络上那些所谓的网红开着那些不成熟的玩笑，眼睛里进了沙子，独自走到阳台望着万家灯火，黑暗的天空繁星似乎要坠下，仿佛在告诉这座城：“哪有什么岁月静好，只是有人在负重前行。”

他们也是父母疼爱的孩子，谁生来都是平凡人，所谓英雄只是平凡的人在做着不平凡的事罢了。也许我的父母从来不能让我在身份上高出别人一等，但我能从他们心里那份责任感的强大使我感受到别人对他们的尊重，更能在世界上的所有人为白衣天使加油的时候感到一种自豪。父母一直教导我，不要因工作职位而觉得自己多么光芒璀璨，也不要以工资的多少当作炫耀的资本，你要知道你做了多少事，而你又可以为国家做多少事。

春去夏来，秋收冬藏，路在乱草中迷失，曲径通幽，声声鸟鸣皆不入耳。

家乡

九月离家一月回，乡音无改，邻人皆相识，客笑问家乡以何？军运会的召开给武汉添上了浓妆，光谷转盘成了亚洲最深最大的地铁转乘站，长江两畔的高楼如旱地拔葱般建起，走在街上的武汉人脸上洋溢的更多是笑容，这一弯弯笑容是家乡给我感触最大的地方了。

谁能想象几年前的武汉人又是有多少是脸上洋溢着笑容的呢？而这与两点有关。第一点，近十年武汉市积极创建文明城市，且持续保持全国文明城市称号。武汉人的行动已经不止于喊“敢为人先，追求卓越”的口号那么简单了，而是把“富强、民主、文明、和谐”深化到强国行动上；把“自由、平等、公正、法治”融入整个社会；把“爱国、敬业、诚信、友善”践行到个人的行为上。从社会主义核心价值观出发，以“奉献、友爱、互助、进步”为翼，在中国特色社会主义道路上追求着自己的卓越。第二点，作为新一线城市的武汉也不是浪得虚名，依靠着高新产业、第二产业基地的创建，带来了更多的投资，以及 GDP 的高速增长。武汉也正用自己的方式包装并宣传着自己，商业订单从世界各地传来，各大品牌纷纷入驻武汉。这一切都让武汉人的生活有了更高的品质，武汉人也有了更硬的身板和更足的底气，笑容洋溢在每一个自信而又幸福的武汉人脸上。

家国

这是一颗巨变的“种子”，正以惊人的速度不断“生长”。“乘风好去，长空万里，直下看山河。”一个充满生机和希望的中国，自信宣示：中华民族伟大复兴将在我们的奋斗中梦想成真！

当 2020 年的第一缕阳光播撒在伶仃洋上，全长 55 公里的港珠澳大桥宛如一道跨海长虹，蔚为壮观。这片海，见证着新时代中国科技的创新传奇，亦铭记着百余年中华民族永不磨灭的耻辱记忆。

历史告诉我们一个真理：一个国家是否强大不能单就经济总量大小而定，一个民族是否强盛也不能单凭人口规模、领土幅员多寡而定。近代史上，我国落后挨打的原因就是制度与经济的落后。

2019年的中国在实现伟大复兴的路上又描绘出了浓厚的一笔。改革开放不断催生发展活力，党和国家机构改革圆满完成，增设一批自由贸易试验区和上海自由贸易试验区新片区，科创板顺利启动推进，减税降费总额超过2万亿元。网络提速降费使刷屏更快了，垃圾分类引领着低碳生活新时尚。放眼神州大地，处处都有新变化新气象。

国防和军队扎实推进，人民军队展现出新时代强军风貌。我们进行国庆大阅兵，举行海军、空军成立70周年庆祝活动，举办第七届军人运动会。首艘国产航母正式列装。大江南北披上红色盛妆，人们脸上洋溢着自豪的笑容，《我和我的祖国》在大街小巷传唱。爱国主义情感让我们热泪盈眶，爱国主义精神构筑起民族的脊梁。

从石库门到天安门，从兴业路到复兴路，中国共产党近百年来所付出的一切努力、进行的一切斗争、作出的一切牺牲都是为了人民幸福和民族复兴。正是由于初心和使命，我们党才能在极端困境中发展壮大，才能在濒临绝境中突出重围，才能在困顿逆境中毅然奋起。忘记初心与使命，就会改变性质、改变颜色，失去未来。

携程App上“武汉－湘潭北”的行程记录消失在大数据库的代码海中，小度音响中新冠疫情的新闻还在播放，门外似乎传来了母亲高跟鞋熟悉而又陌生的声音，万分期待！万籁俱寂！也许此时书桌上伏案的青年不会再在意是否拥有灯火通明，随着一道高数题的迎刃而解，他心里的心结也被解开了，也许这就是他一直在寻找的初心与使命吧。

2020 年是具有里程碑意义的一年。我们将全面建成小康社会，实现第一个百年奋斗目标。2020 年也是脱贫攻坚决战决胜之年。温室里长不出参天大树，懈怠者干不出宏图伟业。作为新时代下的青年，牢记初心与使命，只争朝夕，不负韶华，共同奋斗在这个属于奋斗者的时代！

（本文作者为湘潭大学化学学院 2019 级本科生）

有以为家

张树敏

黑紫的夜幕早已无声落下，缀着疏朗的晚星，温柔却坚定地盖住了满城闪耀的霓虹。一阵疲惫和无力拥着我，朦胧中，我被推入了沉眠的梦乡。

“张医生，张医生……”我蹙眉在呼唤中醒来，眼前是旁边小护士纯稚的面容，“您醒醒，我们马上要落地了。”我迷迷糊糊地应了一声，工作人员测完体温后好一会儿我才彻底清醒过来。小护士满脸担忧，“张医生，您还好吧？”我笑着摆了摆手，示意她我没事。只是昨夜刚下了一台手术，便被院内急召驰援A市，有些疲惫而已。

下了飞机，一股温润潮湿的气息透过口罩钻进肺脾。此时太阳还未完全升起，清晨的薄雾遮掩着矗立的高楼，我又回到了那个散发着青草和太阳味道的南方小城，回到了我的故乡。

“张医生，我记得您老家好像就是A市的吧？”旁边正在聊天的几位医生像是突然想起了什么，转而问我。“是，好久没回来看看，变化太大了。”我温和地笑了笑，尽管在口罩的遮挡下，他们可能看不到。

只是未曾想到，多年后竟是任重归来。病毒肆虐，人心惶惶，每个人都在为生存做最大的努力。我们此行的任务，就是给人们带来更大、更亮的生的希望。

熟悉的消毒水味再次充斥鼻腔，我看着医院拥堵的人群，心中百般滋味。早知道A市疫情严重，却不知严重到了这般地步。

听完院内专家组介绍情况，我们一行快速地换上了防护服，分组前往各病房开展会诊。突然，我匆忙的脚步被一阵稚嫩的啜泣逼停，我和同行的医生打了个招呼，向声源处走去。

一个将口罩戴得歪歪斜斜的小女孩正坐在走廊的长椅上哭泣。我走过去半蹲下，帮她把口罩扶正，温声开口：“好孩子，我们不要揉眼睛，好吗？医院里有好多病毒，一不小心会……”话音未落，小女孩突然抱着我大哭：“阿姨，我找不到我爸爸妈妈了，他们都生病了，我想看看他们。可是，可是我不知道他们在哪里？他们会死掉吗？会丢下我吗？”

我的心像是被无数只无形的大手撕扯，痛得险些呼吸不上来。小女孩那些没能被她的口罩兜住的眼泪狠狠砸进我的肩窝，那么烫、那么重，好像要将我的防护服穿透。

周围的人被这悲伤的氛围感染，纷纷上前哭诉，其中一个年过七旬的老奶奶用她干瘦而又皲裂的手拉着我，说：“姑娘，你自己一定要保重，我们这些老百姓，就全指望你们了。你们辛苦了！”说着就要给我鞠躬，我赶忙扶住老人家，在她抬头之时却看到了她浑浊的眼中淌下来的热泪，一颗一颗，将口罩的上端洇成了深蓝色。

我安抚好这些群众，找来一个护士安顿好小女孩，便去找我同组的医生会合。周围并不十分喧嚣，可我的心中却一派杂乱。从医多年，我的肩上有过患者本人的期望，有过患者家人的期望，可却从未一下子有过这么多人的期望。

接下来的一天，我走访了许多病房，给予治疗的同时也和患者沟通。他们这些人中，有的十分乐观，有的略有消沉。可我总能捕捉到哪怕是一刹那他们眼中的光，他们眼中未曾泯灭的生的希望。

我日复一日地忙碌着，穿梭于刺鼻的消毒水、冰冷的机器和温暖的人们之间，最开心的时刻莫过于听到有病人康复出院。我从前最怕离别，可如今，看着他们出院，我竟无比欢喜。

这天我正在给一位疑似患者检查，一个护士疾步走向我："张医生，陈主任她……感染了。"我的脑海中顿时一片空白，呆愣了几秒，将检查工作交给另一位医生，向门外冲去。身后除了衣料与空气摩擦而生的风声外，还有护士的呼喊；"哎，张医生，在三楼第一个科室……"

我站在隔离病房的门前，从门上窗户望向她。我的双手有些发抖，面前的这扇门似乎有千斤重，我想推，却不能推开它。像是感应到我的到来似的，本是背对着我的她突然转过身来。陈主任笑着看向我，虽然看不到她扬起的唇角，但她口罩上方有了些许眼纹的双眸微微弯着，里面满是温暖明亮，像是能柔化窗外凛冽的寒风。就这样，隔着一扇门，我听到她温柔的声音，"小张，我想你应该已经感受到了这场灾难的残酷。在这场与病毒的殊死搏斗中，已经有太多人离我们而去。这些人中，有的是手无寸铁的百姓，有的像你与我一样，是身披铠甲的战士。我们手中的长矛不能白磨，要多往敌人身上刺一刺。我们手中的盾牌不能白造，要多给身后的百姓挡一挡。多保住一个人，就多一份战士的荣光。有人拿这次的疫情和当年的非典相比，我并不十分赞同。非典之时，国家没有现在的科学技术、医疗条件、通信网络等，人们并不能及时了解、防范病毒的传播。可这次，我们有顶级专家团队，有尖端医疗设施，有消息发布渠道，有了很多那时想都不敢想的东西。现在的我们，已经具备了直面它的资格和勇气。我记得一本书上这样写，‘我们怀揣火种走过黑暗长夜，跨过战友的遗骸，踏过荆棘和深渊，最终在尸骨累累上重新点燃了种族延续的火炬。我们这些活下来的人不需要历史来记载功勋，也无谓那些空虚华美的称颂，只要山川河流、千万英灵，见证过我们前仆后继的跋涉，和永不放弃的努力。’是的，孩子，我们都在努力。所以，别怕，希望你也安慰一下其他的小朋友，告诉他们不要怕。我们不怕，华夏十四亿国人不怕，就一定能保护我们的家。好吗？”

护目镜早已被我眼前泛起的湿雾模糊，一片白色的朦胧中，我听到自己抑制不住的哽咽，和低声但坚定的回应：“好。”

直到换班，扒着冷掉的饭菜，我的脑海中还回荡着陈主任的话，突然一阵铃声打断了我的思绪，在这稍显寂静的夜中格外明晰，我接起电话，走到窗边。

“喂？”丈夫和缓的声音钻进我的耳朵，“工作还顺利吗？”我的眼睛一下子有些红了，顿了几秒，忍着泪说：“挺顺利的，今天又治愈了一例……”挺顺利的，只是一直关心我们的主任感染了，只是没有办法睡饱觉，只是脸被护目镜压得有些疼，耳后被口罩勒出了血印，只是怕浪费防护服，大多数时间饿了渴了都只能忍着，只是每天都要鼓励患者，自己吞吃负面情绪……

这些我都没有说，可电话那端的人像是什么都明白，只听他长叹一声："辛苦了，你是我的大英雄。我等你回家。"窗户有一丝缝隙，凉夜的风带着寒意钻进来，我缩了缩脖子，有些冷，可是心却像是被小心翼翼地捧到了一炉炭火前，被澎湃的爱意拥着，小小打个盹，也是安眠。

翌日清晨，小护士拿着马克笔笑嘻嘻地问我："张医生，给您防护服的背面写什么呀？还是写名字吗？"我无奈地笑了笑，知道医院伙食欠佳，这群孩子早已让大盘鸡、热干面爬了满背，"写我和陈主任两个人的名字吧。"小护士明显一愣，眼尾有些泛红，嗫喏着不知道该说什么。我摸了摸她的头，转身方便她写，也不知道是对谁说，"别怕，我们永远并肩战斗。"

小姑娘刚给我写完名字，隔壁科室的医生突然冲过来，语气中有抑制不住的激动和欣喜，"张医生，院内紧急会议！据说省实验室研发出了一种能有效抗击病毒的药物！"

"真的?!"

我突然从睡梦中惊起，发现自己陷在熟悉的绵软床褥里，我揉揉眼睛，有些感慨——原来我在梦里过了一把当一线医护人员的瘾。

光线很难钻过厚重的窗帘，也不知天明未明。手机屏幕暗淡的光在这黑暗中乍然亮起，我点开市政府的短信，查看着最新的疫情状况。

下床拉开窗帘，发现天光已破了楼宇的轮廓，太阳好像还没洗脸，害羞而又小心翼翼地探头出来看我。

我笑了笑，你看，哪有永恒的黑夜，再黑的夜幕拉下，第二天还是会被太阳轻柔地掀开，让调皮的光粒子给苍穹染上明亮的色彩。

所以，病毒也没什么可怕。

基辛格先生曾说，中国总是被他们中最勇敢的人保护得很好。是的！

你在，我在，中国十四亿人在，就什么都不可怕。我们都在，就有处以为家。

（本文作者为湘潭大学外国语学院2019级本科生）

我有什么能够给你

满延春

因为，我听见艾青的鸟儿死而复生，在歌唱。
我有什么能够给你？我的家人。
我攥线奔跑，风筝飞起来，你在一旁看着我。
不像从前，你将已经飞起来的风筝交到我手上。
什么时候，我们角色换了位，是我在复刻你。
还记得吗？月亮明目张胆的跟我走，我喜欢踩着你的影子 。
让前面的人看不见我，我永远跟着你，像月亮黏着我一样。
我把太阳叫了出来，喊灰色的天亮了起来，才能表达对你的爱。

我有什么能够给你？我的家乡。
你给我小镇的曲折，在我脑海却笔直成线；
你给我打霜后的柑橘，农户将爱意肆洒四方；
你给我长寿老人的眯笑，绿色的空气散播秘密。
你将沥青填满石路，将集市聚集起来。

后来，霓虹闪烁，覆盖怀旧的巷街黄灯。
请容许我为你跳一支舞。

我有什么能够给你？我的祖国。
你用偌大的手掌，抵住万恶的口腹之欲；
你用敏锐的洞察，再度细化争议的界限；
你用矫健的身姿，铸造起一座又一座丰碑。
我到底要怎样才能将你全面了解？我的祖国。
于是，我用天眼望你。
啊！可是我看见，
我看见你用那鲜红的旗帜，将一切苦难遮盖严实。
万家灯火，用篝火为你燃尽。我的爱意，熊熊不灭。

我有什么能够给你？
我为你祷告，我永远属于你。
你将屹立不倒，如大漠边疆上的胡杨；
你将海纳百川，如海鸥都钦慕的蓝色；
你将漫漫长青，如这盛世所愿的江山。
（本文作者为湘潭大学商学院2020级本科生）

我们

杨天遥

一座潭、一丛林、几层云影；
一湖水、一乡情、星点倒影；
九曲河、一支党、缤纷落英。

我们的小院庭，渲染着无限柔情：
粗笨的手掌，撑起小屋的瓦房，
铭刻的脸纹，暗藏祖辈的秘密，
麻雀立枝头，欢呼，跳跃，等待着，
不知是天上还是地下的老友——
我们的小院庭，渲染着无限的柔情。

我们的小院庭，向往着美妙梦想：
篱笆里的古老泥土，把他的一生讲得精彩纷呈，
红墙外的青涩绿藤，和康桥的水草也用外语书信往来，

水潭里没有围城，几只鲤鱼儿熟练越过低矮石墙——
我们的小院庭，向往着美妙的梦想。

我们的港口，停泊着满载而归的渔船：
天蒙蒙亮，渔民把湿润的水汽当作迟到的美酒，
释放一夜的辛劳，
鱼身未见，船中池却热闹非凡；扑灵的，打滚儿的，
那是星星鱼？是月亮鱼？是大伯笑弯腰——
我们的港口，泊满了满载而归的渔船。

我们的港口，记载着鲜红的过往：
芦苇背的木舟，洪湖英雄的赤血长枪，对峙着的，
是东洋倭寇的坚船利炮，
扬子江的商船，长江悬崖的回荡长号，展现着的，
是社会主义的时代号角，
当楚风再度拂过那片芦苇丛——
我们的港口，回应着的是渔人的今天。

我们的大河，宣示的是华夏的尊严：
千里滔滔，黄沙纵横，神龙的鳞脉，无人可及！
万年奔腾，永不冻结，炎黄的传奇，生生不息！
试问，九州何人敢分离？

我们的大河，怒吼的是人民的理想：
母亲之水，再多鲜血都不能将她永远染红；

九曲之河，再多泥沙也无法阻止她造物的决心；
中国共产党，是人民坚实可靠的万丈红；
中国特色社会主义，是遍布人间的古月锦绣！

小院庭，月柔情，心向梦想；
大港口，鱼满舱，才拔翘楚；
九曲河，九神州，久久不息！
（本文作者为湘潭大学物理与光电工程学院2020级本科生）

后　记

写这篇后记时，意味着本书的出版工作已经接近尾声。犹记当第一次听到要将三届活动的优秀作品整理成书时，心中甚是惊喜与期待。

诚然，筹备过程中辛劳的付出是必须的，反复的校稿工作、联系原作者对文章进行再修改，书名和篇章名的精益求精。于我而言，沿着博学路去出版社的那条林荫道已是来来又回回，每路过画眉潭时，我总驻足望着潭面粼粼的水光，心里想着：快了，这颗凝结了许多人心血的种子就快要发芽、结果了。

筹备的过程是枯燥又幸福的，常常文稿看到最后，眼前虽是“飞虫萦绕”，可心里的期待又多了好几分。让新时代的青年学生能够沉下心去亲身感悟“家人·家乡·家国”的意义，是我们举办“家人·家乡·家国”寒假社会实践活动的初衷；那么，让更多人听到、看到、感受到青年对亲情、乡情与祖国情的体悟，是我们编写、整理此书的愿望。

如序言所说，希望本书能帮助读者在体亲情、感乡情、悟国情的路上提供一些帮助。我们也期盼青年学子们传递文字的同时，也可以传递出属于青年的力量，惠及更多的同行人、逐梦人。

本书的出版得到了学校党委宣传部、学生工作部（处）、教务处、招生与就业指导处、社科处、后勤保障处和湖南省高校思想政治工作创新发展中心等单位的大力支持，在此一并鸣谢。

编　者

2021 年 11 月